수학 개념원리 지도를 통한

문제해결력 향상

수학 개념원리 지도를 통한

문제해결력 향상

홍선호 지음

한국학술정보(주)

최근 초등학생 대부분은 수학문제를 단순히 암기하거나, 암기한 것을 적용하여 답을 도출한다.

이 연구는 수학 개념원리 지도를 통해 아동의 문제해결력 향상 방안을 살펴봄으로써 초등학생들의 문제해결력을 위한 프로그램을 구안·적용하고, 연구반과 비교반을 분석하여 효과적인 학습 방법으로 수학에 대한 잠재력과 문제해결력 등을 계발하는데 목적이 있다.

본서는 필자의 대학원 박사논문인 「수학 개념원리 지도를 통한 아동의 문제해결력 향상에 관한 연구」를 재구성해 엮은 것으로 연구대상은 수도권에 위치한 초등학교와 연구자가 운영하고 있는 창의사고력 연구소에서 무선표집을 하였고, 초등학교 6학년의 설문 대상 320명을 연구반과 비교집단으로 구분하여 지속적인 관찰과 평가로 분석하였다.

이 연구의 결과는 다음과 같다.

첫째, 수학의 관점에서 초등학생의 문제해결능력을 시험하기 전에 연구반과 비교반 사이에 큰 차이가 없었으며, 연구반 학생들이 수학 개념원리 교육으로 문제해결력이 향상된 것으로 나타났고, 연구반 학생들이 창의적이고 합리적인 방식으로 문제해결의 기능을 활용하여 수학에 더 많은 관심과 능력을 보여주었다.

둘째, 두 집단 간 수학 개념원리 능력의 차이 출발점 비교에서 연구반과 비교집단의 사전검사 점수에 차이가 있는지를 검증한 결과 평균과 표준편차에는 차이가 거의 없으므로 수학 개념원리 능력의 차이를 검증할 수 있는 요건을 갖추었다고 볼 수 있었다.

셋째, 연구반의 문제해결력과 개념원리의 분석 결과, 수학의 다양한 규칙을 찾으려는 노력, 다양한 방법으로 문제를 해결하는 의욕, 문제를 읽으면서 추상하고 인식하는 순으로 나타났다. 따라서 수학시간에 개념을 인지하며 공식이나 원리에서 나타나는 규칙을 찾으려는 태도와 수학 개념원리를 이해하면서 문제해결력을 향상시켜줌을 알수 있다.

넷째, 연구반의 사후검사 결과 성취도가 높은 변인들의 문항 중에서 수학의 다양한 규칙을 발견, 다양한 방법으로 문제를 해결하려는 의욕, 문제를 읽으면서 추상하는 인식, 다양한 방법으로 불편을 개선하려는 노력, 복습을 하는 각오로 확인하고 또 점검하는 습관 순으로 나타났다.

따라서 초등학교 6학년에게 수학의 개념원리 지도를 통해서 문제해결력과 관련된 다양한 수학 규칙 발견, 난이도가 높은 문제도 해결하려는 의욕, 추상 인식 등이 향상되었고, 정의적 영역의 창의성과 관련된 불편한 생활을 개선하려는 의지, 확인하는 습관 등이 다른 요인에 비해 많이 향상되었다.

다섯째, 초등학교 6학년을 위한 수학 개념원리 지도가 창의성, 사고력, 문제해결력, 수학능력, 성취요인 변화에 미치는 영향에 대한 단순선형회귀분석을 실시한 변수들의 통계 결과, 회귀분석에 포함된 변수는 개념원리 지도가 문제해결력 향상에 설명력이 있는 것으로 나타났으며, 회귀식에서도 통계적으로 유의한 결과를 보여주고 있다.

따라서 초등학생들에게 수학적 사실과 기술을 명확하게 제시하고, 충분한 학습을 하면 대부분의 학생이 문제해결력이 향상되어 효과적으로 수학 과제를 해결할 수 있다는 사실을 알 수 있었다.

끝으로 출판을 물심양면으로 도와주신 한국학술정보(주) 대표이사님과 관계 직원들께 깊은 감사를 드립니다.

2012년 1월

홍선호

| 목차 | ●●●

제 1 장
서 론

1. 문제 제기

수학은 모든 학문의 기초와 기본이 될 뿐만 아니라 수학을 통해 논리적인 사고력, 문제해결력, 창의성을 길러주는 과목이기 때문에 초등교육에서 매우 중요하다. 초등수학교육에서 강조하는 것은 수학을 이해하고, 문제를 해결하는 능력을 신장시키는 것이다. 교사는 학생들에게 수학은 다른 학과목과 밀접한 관계를 맺고 있다는 사실을 이해시켜야 하며, 실생활의 상황을 이해하기 위하여 수학은 반드시 필요하다는 것을 깨닫도록 도움을 주어야 한다. 계산도 필산보다는 여러 가지 방법으로 하는 어림셈·머릿셈과 같은 기능들의 숙달에 관심을 기울여야 한다. 또한 학생들은 계산기나 컴퓨터를 이용하여 자료를 분석하고, 확률과 통계를 공부하여 다량의 정보를 다루도록 하여야 할 것이다(교육과학기술부, 2009).

그러나 한국의 수학교육이 큰 발전이 없는 근본적인 배경은 개념적 지식[1]을 등한시하고 절차적·방법적 지식에만 몰입되어 있기 때문이다. 2007학년도 대입 수능 1번 문제[2]는 지수와 로그의 개념을 묻는 아주 쉬운 문제로 구성되어 있다. 하지만 대학에 입학하고 1개월도 되지 않아 이런 것은 모두 잊어버린다. 분명히 당시에는 풀 수 있었지만 모두 잊어버리고 풀 수 없게 된다는 것이다(창의사고력연구소, 2008). 그 이유는 지수 로그의 개념을 이해하지 않고 지수 로그 문제만을 풀었기 때문이다. 한마디로 그렇게 고생하며 공부했던 수학은 오래지 않아 잊힌 지식이 되어버린다는 것이다. 다시 말해 지수나 로그를 왜 배우는지 그 이유를 알지 못한 채 무조건 계산방법을 암기하고 문제를 풀었기 때문에 시험만 끝나면 모두 잊어버리는 것이다.

학생들은 자신의 수준에 따라 일상생활에서 꼭 필요한 수학을 배울 권리가 있는데, 그것이 바로 개념과 원리를 아는 교육이다. 개념교육이란 작게는 수학 용어 하나하나, 그리고 수학 기호 하나하나의 의미를 정확히 알고 깊이 있게 아는 것이다. 그리고 원리교육이란 흔히 공식이라고 일컫는 것들이 어떠한 수학적 아이디어로 마련되었는지를, 그리고 그 의미를 진정으로 아는 것이다.

학생들은 수학 공부를 시작하기 전에 어떤 전략을 사용할 것인가를 생각하거나 결정해야 한다. 즉, 무조건 많은 문제를 풀어봄으로써 실력을 높여 고득점을 딴다는 전략이 있을 것이고, 하나의 개념이라도 깊이 있게 파고들어 확실히 이해를 한 다음 한 문제라도 확실히 정답을 찾아내고 차근차근 실력을 다져간다는 전략이 있을 것이다. 수학에서만큼은 후자의 전략이 바람직하다는 것이 수학자들의 공통적인 견해이다.

---

1) 개념을 나타내는 용어, 기호, 정의를 바르게 기억하는 지식, 개념을 적절한 상황에 사용할 수 있는 지식, 개념들 사이의 관계성 파악 지식, 수학적 법칙이나 원리가 성립하는 것을 추론하고 증명할 수 있는 지식 등.
2) 2007학년도 대입 수능 1번 문제: $\log 27 \times 8^{\frac{1}{3}}$의 값은 얼마입니까?

물론 반복적으로 많은 문제를 풀어봄으로써 수학의 개념과 원리를 알 수도 있다. 그리고 수학의 계산법을 터득할 수도 있다. 그러나 이러한 방법은 초보적인 수학에서는 가능할 수 있으나 고등수학에 이르면 사정이 크게 달라진다. 고등수학은 두뇌로 하는 수학이기 때문에 수학적 개념들을 확실하게 파악하고 있지 않으면 단 한 문제도 해결할 수가 없다.

모든 것에는 기본 개념이 있다. 수학에도 기본 개념이 있는데 문제는 그 누구도 기본 개념을 잘 가르쳐주지 않는다는 것이다. 그 이유는 자기도 배운 적이 없기 때문에 가르칠 수 없는 것이다. 따라서 수학의 기본 개념을 정확히 알아야만 자기만의 수학을 창조할 수 있다. 학생들이 수학 공식만 잘 외워서 그것을 응용해 문제를 푸는 것만으로 수학교육을 다한 것으로 생각하기 쉽지만, 이렇게 공부를 하면 아무리 우수한 수학자가 되더라도 자기만의 수학을 만들 수 없는 것이다(김건용, 2008).

한국의 대부분의 아버지와 어머니들은 융통성이 부족한 수학교육을 받은 세대들이다. 그런데 그러한 수학교육이 요즈음에도 대물림이 되고 있는 실정이다. 예를 들어 학교에서 배우는 수학 단원에서 무엇이 중심이고 그 단원을 배우는 목적이 무엇인지 알지 못한 채 그때그때 배운 내용만을 암기하고 다음 단원으로 넘어간다. 그러나 지금 배우고 있는 단원이 수학 전체 체계 속에서 어떤 위치에 있는지 알고 있어야 한다. 등산을 하는 사람이 주위를 돌아볼 여유도 없이 또 어디까지 왔는지 가늠해보지도 않고 무턱대고 산을 오르기만 한다면, 그건 등산이라기보다 단지 고행일 수밖에 없는 것이다. 수학 공부는 멀리 보는 눈이 필요하다. 당장 한 문제라도 더 맞아서 성적을 올려

야겠다고 생각하면 언젠가는 실패를 맛보게 될 것이기 때문이다. 그래서 올바른 수학교육은 계산 능력을 키우는 것이 아니라 수학적 개념들을 확실하고 올바르게 이해하도록 노력하는 일이다.

그런데 수학적 개념이나 기호들은 매우 추상적이어서 이런 내용을 그대로 학생들에게 주입하는 것은 무리이다. 선생님이 수학 개념을 설명하고 가르친다고 해서 학생이 무조건 이해할 수 있는 것은 아니다. 학생이 그것을 이해하고 받아들이기 위해서는 학생 자신만의 언어와 정의적 능력으로 대응하고 해석하여 소화하지 않는다면 학생의 것이 되지 않는다.

대부분의 수학교사나 학생들은 수학책에 쓰인 기호나 개념에 대한 설명문을 대개 한 번 읽어보는 정도로 지나간다. 그리고는 곧바로 문제풀이로 들어가 문제를 풀어보기 시작한다. 의미도 모르는 채 문제를 풀겠다는 것은 아무런 등산 장비 없이 높은 산을 오르는 것과 같다. 수학은 분명하고 철저한 학문이기 때문에 개념의 의미를 제대로 파악하지 못한다면 수학은 절대로 정복되지 못하는 학문이다.

개념이나 기호의 의미는 수학책에 쓰인 설명이 전부가 아니다. 따라서 그 설명을 바탕으로 확실히 자기 것으로 만드는 노력이 뒤따라야만 한다. 왜냐하면 수학자들은 개념이나 기호를 설명하는 글을 쓸 때에는 최소한의 문장으로 오해의 소지가 없도록 하는 정도의 아주 간결한 문장으로 설명하고 만다. 때문에 학생들이 그 설명문을 그냥 단순히 읽어보는 정도로는 수학기호의 의미를 완전히 이해하여 자신의 것으로 만드는 일은 쉽게 이루어지지 않는다. 개념의 의미를 깊이 이해하려면 그 반대가 되는 경우도 생각해보고 구체적인 대상도 생각해보는 등의 다양한 탐구가 이루어져야 한다. 예를 들어 1, 2, 3,

4…… 등을 자연수라고 한다면, '부자연스러운 수'는 어떤 수일까? 또 직각은 영어로 'right angle'로 '올바른 각'이라는 뜻이므로 '올바르지 않은 각'은 어떤 각일까? 등등이다. 따라서 앞으로의 수학교육은 이와 같은 수학적인 개념을 정확하게 이해할 수 있도록 도와주어야 한다.

그런데 지금까지 수학교육은 입력(input)하는 일에만 신경을 써왔다. "이게 인수분해야!", "이게 함수야! 몇 번을 가르쳤는데 아직도 모르니?", "이게 사다리꼴의 넓이를 구하는 공식이야!", "문제나 열심히 풀어!" 결국 윽박지르고 일방적으로 주입함으로써 학생들은 개념과 원리를 제대로 이해하지 못했고 그러한 수학교육은 완전한 실패로 돌아갔다. 잘못 가르쳐서 수많은 아이들이 피해만 입은 것이다. 그렇다면 이제부터라도 수학교육의 방향을 다시 잡아야 할 것이다.

이 연구에서는 초등학생이 수학 학습에서 스스로 자주적이고 창의적인 학습을 전개하여 개개인의 수월성을 극대화할 수 있도록 개념 원리 학습능력 향상을 도모하고, 하위 요인(창의력, 사고력, 문제해결력 등)에 미치는 영향을 모색해보고자 한다.

위와 같은 관점에서 이 연구의 문제를 제기하면 다음과 같다.

첫째, 수학에 대한 일방적인 지식을 주입시키지 않는 대신 개념원리 프로그램을 어떻게 구안·적용할 것인가?

둘째, 초등학생이 단순 반복되는 계산에서 벗어나 무엇을 하게 해야 하는가?

셋째, 수학에 대한 생각할 기회를 주는 교육, 생각하는 힘(사고력)을 길러 주는 교육은 어떻게 전개하는 것이 바람직한 것인가?

비록 시험에는 나오지 않더라도 하나하나 생각하게 가르쳐서 그 개념과 원리를 바탕으로 다른 문제까지 풀 수 있는 응용력을 갖추게 하는 것이 지도자가 해야 할 수학교육의 방향이라고 본다.

위의 문제 제기에 따른 연구 문제는 다음과 같다.

수학 학습에서 절차적 지식과 개념적 지식의 중요성을 인식할 필요가 있다. 또 학생들이 절차적 지식과 개념적 지식을 관련짓고 연결할 수 있도록 도와주어야 한다. 최근의 연구(Hiebert & Carpenter, 1992)는 이해와 연결은 기능의 숙달에 앞서 이루어져야 한다는 것을 보여주고 있다(강문봉 외, 2003: 62-63). 따라서 수학과에서 초등학생을 위한 개념원리 지도는 창의성, 사고력, 문제해결력, 수학능력, 성취요인에 상당히 많은 영향을 미칠 것으로 보고 다음과 같이 연구의 문제를 삼고자 한다.

① 수학 개념원리를 적용하지 않은 초등학생의 경우 수학능력에 미치는 창의성, 사고력, 문제해결력, 수학능력, 성취요인 등 하위 영역에서 사전·사후 검사에 차이가 있는가?

② 수학 개념원리를 적용한 초등학생의 경우 수학능력에 미치는 창의성, 사고력, 문제해결력, 수학능력, 성취요인 등 하위 영역에서 사전·사후 검사에 차이가 있는가?

③ 수학 학습의 극대화를 위한 수학능력 향상에 영향을 주는 창의성, 사고력, 문제해결력, 성취요인 변인들의 상대적인 기여도는 어떠한가?

가. 창의성, 사고력, 문제해결력, 수학능력, 성취요인의 선형회

귀분석은 어떠한가?

나. 창의성, 사고력, 문제해결력, 수학능력, 성취요인 등 변인들
의 상대적인 기여도는 어떠한가?

④ 수학 학습의 완전학습을 위한 개념원리가 성적에 영향을 주는
창의성, 사고력, 문제해결력, 성취요인 변인(개념원리 적용 여부
에 따른 집단별 성적, 창의성과 개념원리 성적, 문제해결력과
개념원리 성적, 사고력과 개념원리 성적, 수학능력과 개념원리
성적, 성취요인과 개념원리 성적)들의 역할관계는 어떠한가?

2. 연구의 필요성 및 목적

수학 학습에서 개념과 계산 기능의 중요성은 오랫동안 대비되어
논의되어 왔다. 그러한 논쟁은 개념과 기능이 상반된다는 잘못된 이
분법을 낳았다. 사실 수학을 잘하기 위해서는 기능(절차적 지식)과 개
념(개념적 지식) 둘 다 필요하다. 교사로서, 무엇이 절차적 지식[3]과
개념적 지식[4]을 구성하는지 알 필요가 있으며, 학생들이 개념적 지
식과 절차적 지식 사이의 의미 있는 관계를 만들고 연결하도록 도와
주는 일의 중요성을 이해할 필요가 있다.
'절차적 지식'은 일련의 행동에 기초를 두고 있으며 종종 규칙과

---

3) 절차적 지식의 기본단위를 산출이라고도 하지만 조건 – 행위규칙이라고도 한다. 절차적 지식은 언제 어떻게
왜 사용하느냐를 알고 적재적소에 사용하는 것.
4) 학습자가 새로운 지식을 기존의 정신적 구조에 동화시키는 과정에서 관계를 고찰하고 연결 짓는 데 능동적
일 것을 요구하는 지식이다.

알고리즘(algorithm)을 포함하고 있다. 반면에 '개념적 지식'은 관계와 분리되어 있는 정보를 이어주는 연결된 그물망에 기초하고 있다(창 의사고력연구소, 2008: 33-36). 계산은 여러 절차적 지식을 위한 환경을 제공한다. 왜냐하면 알고리즘은 정해진 절차를 한 걸음 한 걸음 따라감으로써 획득될 수 있기 때문이다. 절차는 이해를 수반하면서 획득될 수도 있고 기계적으로 적용될 수도 있다. 예를 들어, 23+49를 계산할 때, 어떤 학생은 필산 알고리즘을 적용하기 위해 일련의 무리 짓기 방법을 사용해 합 72를 얻어낼 수 있다. 또 어떤 학생은 20에 40을 더해 60을 얻고, 12를 더해 72를 얻을 수 있다. 또 다른 학생은 관련된 계산인 23+50=73을 암산으로 한 후 1을 빼서 72를 얻을 수도 있다. 이들 "알고리즘(algorithm)" 각각은 절차적 지식을 예시하고 있는데, 의미와 이해를 수반하며 발달될 수 있다.

그러나 의미가 결여된 일련의 단계로서 알고리즘을 학습하는 것 또한 가능하다. 예를 들어, 23+49는 "3에 9를 더해 12를 얻는다. 2를 내리고 1을 옮겨서……"와 같이 기억할 수 있을 것이다. 그러한 기계적인 학습이 학교 수학에서 차지할 자리는 없으나, 그것은 알고리즘에 관련되어 항존하고 있는 위험을 보여주고 있으며, 기호를 다루는 상당히 발달된 규칙을 알고 있는 학생들이 이러한 규칙에 의미를 부여해줄 수 있는 다른 표상과 관련짓기를 꺼리는 경우가 있다. 또 다른 연구에 의하면, 일단 초등학생이 필산 계산 절차를 배우면, 지적인 절차보다는 필산을 선호한다고 한다. 이러한 연구들은 일단 특정한 절차가 획득되고 숙달되면, 고착되어서 후에는 이러한 과정을 사용하면서 이해를 획득하기는 어렵게 한다는 것을 시사한다(김건용, 2009).

절차적 지식은 특정한 질문에 답하기 위한 규칙이나 정의를 제공하지만, 결과적인 면에서 중요한 연결이 제한되어 있거나 빠져 있을 수 있다. 예를 들어, 정사각형이 무엇인가라는 질문에 대해, 학생은 "정사각형은 4개의 합동인 변과 4개의 직각을 가졌어요"라고 정확히 답할지도 모른다. 그러나 더 많이 알아보지 않고는, 다른 관계, 즉 정사각형은 직사각형이고, 평행사변형이고, 정다각형 또는 등변사변형이라는 것과 같은 관계들이 더 있는지 알지 못한다. 이러한 관계를 아는 것은 처음 대답으로부터는 분명하지 않은 것으로 보이는 개념적 지식을 요구한다.

따라서 개념적 지식과 절차적 지식은 의미와 이해를 수반하며 계발될 수 있고 또 그렇게 되어야 한다. 개념적 지식의 속성은 의미 있는 관계와 연결의 구축을 요구하지만, 절차적 지식은 의미와 무관하게 계발하는 것이 가능하다. 예를 들어, "나누는 수를 뒤집어서 곱하라"는 방법은 분수의 나눗셈을 정확히 할 수 있게 한다. 학생은 이 절차를 적용할 수 있을지 모르지만 왜 그렇게 되는지를 설명하지는 못할 수 있다. 만약 답이 중요하다면, 학생은 왜 그러한 알고리즘으로 하면 답이 나오는지 알려고 하지 않을 것이다.

그러므로 개념적 지식은 학습자가 새로운 지식을 기존의 정신적 구조에 동화시키는 과정에서 관계를 고찰하고 연결 짓는 데 능동적일 것을 요구한다. 한편 절차적 지식은 어떤 과정이 시연되거나 예시된 후, 학생이 그러한 방법을 모방하도록 요구하는, 좀 더 수동적인 형태로 획득될 수 있다. 나중에 그런 기계적인 학습의 결과는 학생이 기계적인 방식으로 적용할 일련의 단계, 규칙, 혹은 공식을 기억하고 있는 것으로 나타난다. 절차적 지식을 적절하게 사용하는 학생의 능력은 전적으로 기억에 의존한다. 그런데 그것은 절차적 지식과 개념적 지식 사이의 연결 장치가 없기 때문에 필요한 회상을 하는 데 부적절할 수 있다. 이렇게 되면 오류가 발생한다. 절차적 지식만 알고 있는 학생은 오류와 비합리적인 답을 검토하고 수정하는 데 매우 제한된 방법만을 가지고 있다.

수학과 지도교사는 수학 학습에서 절차적 지식과 개념적 지식의 중요성을 인식할 필요가 있다. 또 학생들이 절차적 지식과 개념적 지식을 관련짓고 연결할 수 있도록 도와주어야 한다. 최근의 연구(창의사고력연구소, 2008)는 이해와 연결(개념적 지식)은 기능(절차적 지식)의 숙달에 앞서 이루어져야 한다는 것을 보여주고 있다. 어떤 수학이 학습되어야 하는가에 대한 모든 논의는 그것이 가르쳐지는 방법에 대한 논의를 포함해야 한다. 이는 "학생들이 무엇을 배우는가는 근본적으로 그들이 그것을 어떻게 학습하는가와 관련되어 있다"는 진술에 잘 나타나 있다(NCTM, 2000: 21, 강문봉 외, 2003).

따라서 이 연구는 초등학생의 수학 개념원리 지도를 통해서 창의력, 사고력, 문제해결력 등을 위한 프로그램을 구안·적용하고, 연구반과 비교반을 분석하여 수학 학습의 효과와 잠재력을 계발시키는 데 그 목적이 있다.

3. 연구의 제한점

수학 개념원리 지도를 통한 아동의 문제해결력 향상 방안 연구를 수행하는 데 따른 제한점은 다음과 같다.

첫째, 이 연구는 수도권 초등학교 6학년 학생을 대상으로 실시한 수학 개념원리 교육 활동으로 제한하여 연구한 것이므로 그 결과를 전국 초등학교 6학년 학생들의 수학교육 활동으로 일반화하여 설명하는 데에는 한계가 있다.

둘째, 이 연구는 수학 개념원리 교수학습 과정에서 구체적 조작기인 초등학생의 다양한 능력에 영향을 미칠 수 있는 학습 스타일, 성격 유형, 교육 환경, 지도자의 칭찬, 격려 등을 충분히 고려하지 못한 한계가 있다.

셋째, 이 연구는 공교육(公敎育)과 관련되기 때문에 사교육(私敎育)과 학부모의 개입 가능성을 배제할 수 없으며, 연구 변인과 주변 개입 사이에 상호작용이 있을 수 있다. 따라서 연구대상 학생에 대한 통제를 지도교사, 학부모, 학생들에게 지속적으로 할 것이다.

4. 용어의 정의

(1) 수학 창의성

이 연구에서 수학 창의성은 '수학 영역 지식, 창의적인 동기와 환경 등을 기반으로 유용하고 독창적인 아이디어를 생성해내는 수학능력'으로 보며, 수학 창의성 구성요소는 유창성, 독창성, 융통성, 정교성, 개방성으로 국한한다.

(2) 수학 사고력

이 연구에서 사고력은 '수학을 생각하는 능력'을 의미하며, 이것은 학생이 소유하고 있는 정신 능력을 총칭하는 것이다. 즉, 어떤 문제

사태나 과제 또는 대상에 직면했을 때 발휘하는 수학적 능력이라 볼 수 있다. 이러한 수학 사고력은 능력의 범주에 속한다고 볼 수 있기 때문에 지도를 통해 그 능력을 신장시킬 수 있다.

(3) 수학 개념원리

이 연구에서 개념원리 교육은 약속한 수학 용어에 알맞은 수학 기호를 선택하기, 알맞은 식 쓰기, 알맞은 그림 그리기, 알맞은 문장 만들기, 알맞은 아름다운 문장 만들기 등으로 이루어지도록 하였다.

제 2 장

초등학교 6학년의
발달 특성

Piaget의 인지발달단계에 따르면 초등학교 6학년에 해당하는 13세 (만 11~12세)의 학생은 구체적 조작기에서 형식적 조작기로 넘어가는 경계에 존재하는 시기로서, 이 시기의 학생들은 자기중심성을 거의 벗어난 상태에서 성인들이 행하는 추상적 사고와 추리 형태가 가능하다는 것이다.

이 시기의 학생은 동등성을 조절할 수 있는 능력이 생겨 동등성만이 정의를 결정하는 유일한 요인이 아니라는 것을 알게 된다. 따라서 학생은 상황에 따라 동등성의 개념을 적용할 수 있게 된다. 또한 친구와의 사회적 상호작용에 적극적으로 참여함으로써 성인도덕에 대한 일방적인 복종을 벗어나 학생의 도덕적인 사고에 변화를 가져온다. 즉, 도덕적 실재론의 자율적 도덕단계로 발달되어 모든 사회적 관계에서 상호존중, 협조, 상호성을 인식하게 되며, 규칙 및 벌과 정의에 관한 성숙한 이해에 대한 기초를 갖게 되는 시기이다.

콜버그(Kohlberg)의 도덕적 발달단계(이영선, 2008: 36)에서 그는 9세부터 15세까지를 관습적 역할도덕의 수준인, 대인관계의 조화를 위한 도덕성(객체화)의 3단계와, 법과 질서를 중시하는 도덕성의 4단계에

머물러 있는 단계라고 명명하였다. 관습적 역할도덕의 수준은 다른 사람의 기대에 맞추고 다른 사람과 신뢰감 있는 상호관계를 맺는 것을 도덕적인 것으로 보며 권위와 사회질서 유지에 가치를 두는 단계로서, 타인과의 관계에서의 사회적 조화가 도덕성 판단 기준으로 작용하거나, 다수의 의견이나 사회적인 인습 등으로 문제에 대한 행위를 결정하기보다는 법이 보다 안전하고 포괄적인 체제가 된다는 것을 아는 사회화의 단계이다.

아동의 심리사회적 발달단계[1])에서 13세 학생은 근면성 대 열등감의 단계에서 무엇을 성취하도록 기회를 부여받으면 그 결과 근면성을 갖게 되지만, 비난이나 좌절감을 경험하면 열등감을 갖게 되는 단계에 해당하며, 이 시기의 과업수행은 이후의 발달에 계속적으로 영향을 미치므로 학생 스스로의 자발성과 근면성을 북돋워줄 수 있는 세심한 교수전략과 생활지도가 요구되는 시기이다. 자기중심적 역할 수행, 사회적·정보적 역할 수행, 자아숙고의 역할 수행, 상호 역할 수행, 사회적 관습적 체계의 역할 수행으로 발달 단계를 나누며, 역할 수행능력이 발달함에 따라 도덕 발달도 그에 대응하는 발달을 기대할 수 있다고 하였다. 이 중 초등학교 6학년 13세 학생의 경우 4번째 단계인 상호 역할 수행의 단계에 포함될 수 있다(이영선, 2008).

초등학교 6학년 학생의 신체적 발달은 학생 초기에 비해서 느려지는 반면, 신체에 대한 자기 통제력이 높아지는 것을 관찰할 수 있다. 이 시기가 되면 학생은 대부분의 운동기술 습득을 완수함으로써, 전

---

1) 1단계 신뢰감 대 불신감, 2단계 자율성 대 의심 및 수치심, 3단계 주도성 대 죄의식, 4단계 근면성 대 열등감, 5단계 자아정체감 대 역할혼돈, 6단계 친밀감 대 고립감, 7단계 생산성 대 침체감, 8단계 자아 통합 대 절망감.

신의 움직임에 대한 조정력이 발달하고, 운동 기능이 점차 발달하며, 손 기능의 정확도도 더욱 발달하게 되어 여러 가지 운동도 익숙하게 할 수 있는 단계가 된다. 신체적 발달이 왕성해지고, 이성 간의 차별이 뚜렷이 나타나기 시작하는데 10~11세경에 사춘기로 진입하게 됨으로써 자기의식이 높아질뿐더러, 급성장을 경험하게 됨으로써 이에 따른 창피감도 증가하는 시기이다. 남녀 구별이 외관상 뚜렷해지기 시작하고 여아의 경우 많은 학생이 생리현상이 나타나는 것을 볼 수 있다.

사용하는 낱말이나 문장력이 발달하여 반추상 개념을 이해하고, 추리 적용 발달이 현저하게 나타나는 등 지적인 면에서의 발달도 현저히 드러난다. 수를 세는 능력은 1억 이상에 오르고, 소수, 분수, 정수의 상호 관계를 명확히 이해하는 등 수리적 추리력 역시 현저히 발달한다. 문제해결력과 창조적 사고, 비판적 사고가 발달하여 복잡한 사고능력이 생기고, 자기중심성에서 탈피하며, 추상적 기호로 학습이 가능하게 된다. 이 시기는 단순히 기계적으로 기억하던 단계에서 지적, 논리적으로 이행하는 과도기적 단계이며, 직관적인 단계에서 추상적 개념이 정립된다. 여러 분야에 흥미를 보이고, 학습능력, 사고능력, 기민성, 호기심(오치선, 2005: 17), 자연현상, 자연물에 대한 흥미가 높아지는데 남자는 모험 이야기, 여자는 소녀 소설을 즐겨 읽는 등 성별에 따라 흥미가 달라진다. 조리 있게 체계적으로 사고하게 되며 비판적으로 추상적으로 변해가면서 토론을 통해 사회적·지적 경험에 흥미를 갖게 된다.

정서적인 감수성 역시 크게 발달하게 되어 죄책감, 수치감, 자랑스러움 같은 보다 복잡한 정서를 경험하지만 정서 표현을 내면적으로 하여 표면적으로 드러내지 않는 경향이 많이 나타난다. 이 무렵 학생은, 한 사건에서 한 가지 이상의 정서를 경험할뿐더러, 다른 사람의 감정을 상하지 않게 하기 위해 자신의 감정을 숨길 수 있고 다른 사람의 감정에 민감하며 공감, 자신의 감정을 표현하는 능력이 증가하게 된다. 이 시기에 아이들은 사춘기로 인해, 차분함을 유지하지 못하며, 말하기를 좋아하고, 격렬한 감정의 동요상태에 있게 되며, 협동적, 경제적, 혹은 개인적 노력을 촉진하기도 한다(오치선, 2002: 39). 그리고 집에서 많은 시간을 보내는 것을 따분해하기 때문에 또래 친구들과 집 밖에서 보내는 시간이 길어진다. 또한 자주 좌절감을 경험하고, 또래 집단이나 타집단 속에서 경쟁성을 띠며, 비속어를 많이 사용하게 된다. 그리고 어른스럽게 대화에 참여하기도 하고, 성인과 또래들 속에서 자신이 만들어낸 것에 대한 반응을 관찰하며 원만한 또래관계를 맺게 된다. 개인이 자기 판단이 섰을지라도 집단 내에서 일어나는 자연스런 상황에 민감하게 반응하고, 집단 경쟁을 즐기며, 넘치는 힘으로 인해 놀이 친구와 몸싸움을 하기도 한다. 또한 호감을 주지 않고 침통해 있는 또래를 보면 조롱하거나 잔인해지기까지 한다.

친구 관계 결합이 긴밀해지고 공명심을 갖게 되며 유기적 조직체로서의 학급 의식이 고조되며, 또래관계가 중요한 이슈로 등장하면서 학생의 유능감에 영향을 미친다. 또래 집단 안에서 또래의 압력, 거절, 승인, 순응을 배우고, 사회적 발달을 촉진하는 가치관, 행동, 신념을 형성한다. 세계에 대해 더 넓은 관점을 갖게 되고, 생각과 역할을 시험해보며, 중요한 상호작용 기술을 학습한다. 협동과 협상을 배우고, 규칙을 만들거나 어기고, 지도자나 추종자 역할을 경험하면서 타인의 관점을 이해할 수 있다. 7세경부터 자기중심성에서 벗어나 친사회적 행동을 채택하게 되면서 12~13세쯤에 이르면 타인의 관점을 이해할 수 있게 되고, 눈치, 즉 사회적 맥락(social cue)[2])을 해석할 수 있다. 자극평가 능력이 증가하면서 갈등의 해결과 사회적 문제해결 능력이 증진된다. 교사에 대한 잦은 불만(너무 엄격하며, 너무 거만하다는 식으로)으로 이 시기의 아이들은 부모에게 너무 많은 요구를 하게 되는데 이러한 것은 이 시기가 갖는 특성의 반영으로 인내심을 가지고 들어주어야 한다. 도덕성의 이해는 거의 성인과 같은 수준에 이르며 선악 판단을 자신의 기준으로 정한다. 집단의식이 형성되는 과도기적인 시기이므로 점차 인격적인 교우관계가 성립되나 지능의 우열, 인격 등 자기 본위로 생각한다(오치선, 2002: 40). 이성 간의 일종의 대항의식과 혐오감을 갖게 되어 이 시기에는 남아와 여아를 한 집단 내에 섞는 것이 어렵다.

이 시기에는 자기이해가 증가하는데 자신을 다양한 능력을 지닌 사람으로 기술할 수 있고 내적 통제 소재가 발달하기 시작한다. 내적 통제 소재란 어떤 사건이나 결과에 대한 원인을 밖에서 찾기보다 자신의 내면에서, 혹은 자기 자신에게서 찾는 것을 말한다. 자신을 다른 학생들과 비교하는 일이 잦기 때문에 자기 비판적이고 열등감에 빠지기 쉬워 자기 존중감이 감소될 수 있으므로 주의하여 지도하여야 한다.

---

2) 문화적 차이에 의해서도 결정되며, 조직이 속한 사회적 맥락에 영향을 받는다.

제 3 장

초등학교 수학교육 과정

1. 6학년의 수학 활동

(1) 현실에서 직관 또는 구체적인 조작 활동

초등학교 학생들은 수학적인 내용을 연역적 방법이나 추상적인 방법으로 이해하기 어렵기 때문에, 학생들이 느낄 수 있는 현실에서 직관이나 구체적인 활동을 통하여 점진적으로 추상화 과정을 거치도록 도와주어야 한다. 수학 내용은 현실적으로 존재하지 않는 관념들은 대상으로 취급하기 때문에 초등학교 학생들에게 어렵게 느껴지는 것은 분명하다. 그래서 초등학교에서 지도하는 수학내용의 대부분은 실생활을 기반으로 하여 형성되고, 결국에는 실생활의 문제를 해결하는 데에 도움을 주고 있다.

그러므로 초등학교에서의 수학은 실생활을 떠나서 생각할 수 없다는 것을 알 수 있다.

트래프톤(Trafton, Paul R.)과 슐테(Shulte, Albert)는 초등학교 수학을 위한 새로운 방향에서 '수학은 모든 것에 의해서 배울 수 있다'라고 제시했듯이, 초등학교 수학에서 나오는 모든 내용은 학생들의 현실 상황에서 생각할 수 있다.그러므로 수학을 가르치기 위해서 학생들이 배우게 될 내용과 관계되는 소재들을 학생의 주위 환경 속에서 찾아주어야 한다(교육과학기술부, 2009: 7-11).

피아제(Piajet)에 의하면 초등학교 학생들의 나이는 구체적·조작적 사고기이므로 학생들은 현실 상황에서 직접적으로 관찰하거나, 구체물이나 반구체물을 이용하여 구체적 조작활동을 통해서만 사고가 가능한 것이다.

(2) 모델 만들기

학생들이 개념을 이해할 때, 현실에서 직관하거나 구체적인 조작 활동을 한 것을 곧바로 이용하여 개념을 정의하는 것보다, 현실과 개념의 중간 과정을 생각할 수 있다. 현실에서 직관 또는 구체적으로 조작 활동한 것에 대응하여 그림을 그리거나 식을 쓸 수 있다. 이와 같은 그림이나 식은 학습하고자 하는 개념 지도의 전 단계에서 모델을 만들 수 있다. 학생들은 모델을 통하여 개념을 보다 의미 있게 이해할 수 있다.

(3) 개념의 결과로 나타난 것을 약속하기

개념은 '여러 관념 속에서 공통된 요소를 뽑아내어 종합해서 얻은 하나의 보편적인 관념' 또는 '많은 사물, 현상, 관계 등에서 그들이 가지는 공통적인 특성을 인출하고(추상), 공통이 아닌 특성을 버려서(사상)

정신적으로 구성하는 것' 등과 같이 다양하게 정의된다. 또 개념은 '많은 사물, 현상, 관계 등에서 그들이 가지는 이질적인 특성은 버리고 공통적인 특성을 택하여 얻은 정보'라고 정의하기도 한다.

이와 같은 개념의 정의를 바탕으로 수학에서 개념은 '분류할 수 있는 여러 가지 관점 중에서 어떤 관점만을 택하여 추상적으로 약속하는 것'이라고 정의할 수 있다. 그러므로 개념의 결과로 나타난 약속은 추상명사이다(교육과학기술부, 2009).

초등학교 학생들은 개념의 결과로 나타난 약속을 추상적으로 개념을 정의하면 그 의미를 이해하기 어렵기 때문에 개념을 지도하는 초기 단계에서는 구체적이고 개인적인 활동에 의하여 지도하여야 한다.

구체적인 개념들은 그것들을 다른 개념들과 구별하기 위하여 개념의 결과로 나타난 약속은 용어와 기호를 써서 나타낸다. 개념에 대한 기호가 초등학교 학생들의 수준을 넘는다고 판단될 때에는 종종 생략하기도 한다. 예를 들면, 12와 18의 최대공약수를 나타내는 기호는 (12, 18)이지만, 이와 같은 기호는 초등학교에서는 지도하지 않는다.

(4) 방법 발견하기

모든 문제를 개념에서 약속한 방식으로 해결하려고 할 때는 많은 불편이 따를 수 있다. 문제를 해결하는 데에 이런 불편을 없애면서 쉽고 편리하게 해결하기 위한 방법을 생각할 수 있다. 이와 같은 방법에서는 수학적인 표현으로 정리나 성질, 공식 등과 같은 것이 있다. 정리는 초등학교에서는 별로 사용하지 않는다. 초등학교에서는 주로 공식이나 성질을 사용한다.

공식이나 성질은 문제를 쉽고 편리하게 해결하게 하는 하나의 방법이다. 모든 문제가 공식이나 성질로만 쉽게 해결되는 것은 아니다. 공식이나 성질로만 해결될 수 없는 경우도 존재한다. 예를 들어 약수를 구하는 공식으로 6의 약수는 구할 수 있을지라도 0의 약수는 구할 수 없다. 그러므로 공식이나 성질은 개념과 관련하여 이해해야 한다. 학생들은 공식이나 성질이 어떻게 만들어졌는지를 그 이유와 함께 이해해야 한다. 만일 활용이라는 측면이 지나치게 강조되어 공식이나 성질을 무조건 암기하여 문제풀이에만 적용한다면 이는 잘못이다(교육과학기술부, 2009).

따라서 공식이나 성질과 같은 방법은 학생들이 발견해야 한다. 학생들은 그들이 발견한 공식이나 성질로 인하여 기쁨을 맛보아야 한다. 또 발견한 공식이나 성질을 통하여 격려받아야 한다.

(5) 수학교육 학습지도 모형

위에서 논의한 현실에서 직관 또는 구체적인 조작 활동, 모델 만들기, 개념약속하기, 방법 발견하기를 순서대로 정리하여 수학교육의 하나의 학습지도 모형으로 제시하면 다음 그림과 같다. 이와 같은 학습지도 모형의 순환은 학생들을 직접 지도하는 교사의 판단에 따라 적절히 조절되어야 한다.

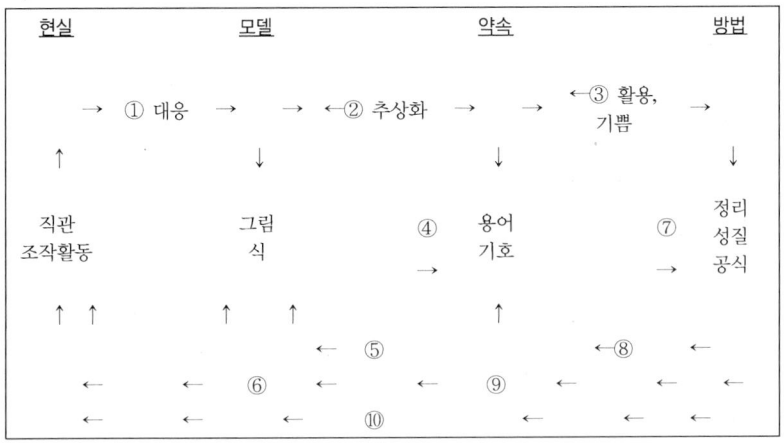

출처: 교육과학기술부(2009: 8).

〈그림 1〉 수학교육의 학습지도 모형

(6) 직관적 사고

미술과 시지각에서 '모든 지각은 또한 사고이고, 모든 이성과 지혜 또한 직관이며, 모든 관찰 또한 발명이다'라고 주장[1]했듯이 직관 교육의 중요성은 수학교육자들뿐만 아니라 다른 여러 분야의 교육학자들에 의해서도 강조되어 왔다(김연중, 2008: 12). 그러나 직관주의적 태도는 개인적 편견에 사로잡히기 쉽다는 큰 결함이 따르기도 한다.

직관에 관한 정의를 살펴보면 다음과 같다. 옥스퍼드 영어 사전에서 직관이란 '지식이나 정신적인 직각에 대한, 어떤 논리적인 추론 과정의 개입 없이, 즉각적인 이해'라고 정의하고 있다. 또 슈마르트(Schumarts)는 직관을 "이성적이고 계통적인 것에 반대하여, 자발적이

---

1) Arnheim, Rudolf의 미술과 시지각.

고 순간적으로 일어나는 매우 자주이긴 하지만 항상은 아닌 갑작스러운 파악력의 정신적 능력이다"라고 정의하고 있다. 브루너(Bruner)는 "직관적 사고, 직감의 훈련은 매우 소홀히 되고 있으나, 생산적 사고의 필수적인 부분이다. 통찰력 있는 예측, 풍부한 가정들, 잠정적 결론으로의 용기 있는 비약 등과 같은 것은 사고를 하고 있는 사람에게는 가장 유용한 동전과 같은 것이다."라고 말하고 있다. 직관적 사고란 사고의 대상을 인지하는 활동으로서 다소 명확하지는 않지만 전체를 감지할 수 있는 사고이며, 이론 전개의 방향과 기틀을 마련해주는 직관적 관념(idea)으로서 이론과 구체를 연결해주는 것이며, 또 구체에서 논리의 방향을 시사해주는 것이다(김연중, 2008).

또한 "직관적 사고자는 논리적 사고자들이 할 수 없는 문제를 발명하거나 발견할 수도 있다는 것이다"라고 주장[2]하고 있다. 이 주장에서와 같이, '직관이 반드시 창조적인 성격을 가지는 수학에 접근하는 첫 단계가 되어야 한다'는 것이다. 그리고 창조적인 수학은 필연적으로 이 직관과 연결되어 있다고 한다(김연중, 2008).

이를 토대로 보면, 직관은 사고의 대상을 인지하는 활동으로서 다소 명확하지 않지만 전체를 감지할 수 있게 하고, 이론 전개의 방향과 기틀을 마련해주는 역할을 하며, 구체에서 논리의 방향을 시사해주는 작용을 한다. 예를 들어 도형의 개념 또는 성질을 생각해보자. 도형의 개념을 형성하거나 도형의 성질을 발견하게 하기 위하여 학생들은 직관과 논리의 활동으로 학습하게 된다. 즉, 여러 가지 사각형

---

2) Bruner는 아동의 지능의 발달을 활동적 표현, 영상적 표현, 상징적 표현의 순서로 표현 수단의 증대와 그 사이의 조정 능력의 증대로 보고 있다. 따라서 처음 수준은 활동적 수준으로 여기서 아동은 자료를 직접 다루고, 다음에는 영상적 수준으로 나아가 거기서는 대상을 직접 다루는 것이 아니라 대상의 이미지를 다루며, 마지막에 상징적 수준으로 옮아가 여기서는 대상의 이미지가 아니라 기호를 다루게 된다.

에서 직관적 판단으로 도형의 특징을 찾아 직사각형의 개념을 정의하는 경우에는 직관력을 배양할 수 있다.

(7) 귀납적 사고와 연역적 사고

초등학교에서 수학적인 내용(개념이나 성질 등)의 도입은 모두 귀납적으로 도입하고 있다. 귀납적 사고는 개개의 구체적인 사실이나 특수한 사실로부터 공통 요소를 찾아내어 일반적인 원리, 법칙을 이끌어내는 사고 방법, 즉 특수한 사실로부터 일반적인 결론을 이끌어내는 방법이다. 그러므로 초등학교에서 지도하는 내용들의 도입은 특수한 사실을 통하여 일반적인 개념을 지도하는 것이다(교육과학기술부, 2009).

수학의 개념원리에서 귀납적 사고가 효과적인 것의 예를 들면, 삼각형의 내각의 합에 대한 성질을 이끌어내는 학습을 생각해보자. 먼저 특수한 삼각형인 정삼각형을 학생에게 제시하여, 3개의 각의 크기를 재보게 하여 3개의 내각의 합을 구해보게 한다. 그런 다음 이등변삼각형, 일반 삼각형을 각각 제시하여 각의 크기를 재보게 한다. 각각 내각의 합을 구해보게 하여 공통적인 사실을 찾아보게 한다. 이상의 사실에서 모든 삼각형에 대하여 공통적인 일반적 성질을 추측하여 새로운 성질을 발견한다.

귀납적 사고에 대응하여 생각할 수 있는 사고가 연역적 사고이다. 연역적 사고는 일반적인 명제나 진로 또는 보편적인 원리, 법칙을 유도해내는 사고 방법이다.

(8) 유비 추리(유추)

유비 추리는 유추라고도 하는데, 두 사실에서 서로 유사한 점을 근거로 하여 특수한 사실의 성질을 그와 유사한 다른 특수한 사실의 성질에 추리하는 작용을 말한다. 이와 같이 유도한 성질이나 결론은 논리적 타당성을 보장하는 방법을 가지고 있지 않다. 이와 같이 유도한 성질이나 결론은 논리적 타당성을 보장하는 방법을 가지고 있지 않다. 그러나 발견적으로 새로운 분야를 개척하는 추진력을 가진다(교육과학기술부, 2009).

예를 들어 자연수의 덧셈과 소수의 덧셈을 생각해보자. 자연수의 덧셈에서 소수의 덧셈을 생각해보자. 자연수의 덧셈에서 소수의 덧셈을 추론할 수 있는 것이다. 유비 추리는 이와 같이 발견적이지만 개인적, 자기중심적이 되며 독단적인 오류에 빠지게 되는 위험이 있다. 그리고 귀납이나 유추는 기지의 사실을 토대로 하여 거기에서 새로운 분야로의 발전을 촉진하는 활동을 한다.

(9) 놀이와 퍼즐

1980년대부터 수학 수업에서 놀이와 퍼즐의 사용이 폭발적으로 증가되어 왔다. 놀이와 퍼즐에 대한 관심은 NCTM3)에서 다루는 주제에서나 수학 수업과 관련된 책과 자료에서도 많이 볼 수 있다. 점차 많은 교사들이 교수(instruction)에서 놀이와 퍼즐의 중요성을 깨닫고 있

---

3) 미국수학교사협의회(National Council of Teachers of Mathematics).

는 것은 주목할 만한 가치가 있다. 그러나 놀이와 퍼즐을 선택하여 사용할 때는 놀이와 퍼즐이 수학교육 목표 달성을 위하여 잘 계획되고 운영되도록 유의해야 한다. 즉, 수학 놀이나 퍼즐이 진정한 기능을 하기 위해서는 적정한 시간에 올바른 목적과 올바른 방식으로 사용되어야 한다.

2. 미래 수학교육 과정 성격

교육인적자원부는 수준별 교육 과정 및 교과 내용 체계 개선을 중심으로 현행 제7차 교육 과정의 문제점을 수정·보완한 수학과 교육 과정을 수정 고시(교육과학기술부고시 제2007-79)하였다.[4]

수학과는 수학적 개념, 원리, 법칙을 이해하고 논리적으로 사고하며, 여러 가지 현상을 수학적으로 관찰하고 해석하는 능력을 기르고, 여러 가지 문제를 수학적인 방법을 사용하여 합리적으로 해결하는 능력과 태도를 기르는 교과이다.

수학적 개념의 깊이 있는 이해와 활용, 합리적인 문제해결능력과 태도는 모든 교과를 성공적으로 학습하는 데 필수적일 뿐만 아니라 개인의 전문적인 능력을 향상시키고 민주 시민으로서 합리적 의사 결정 방법을 습득하는 데에도 필요하다. 또한 수학적 지식과 사고 방법은 오랜 역사를 통해 인간 문명 발전의 지적인 동력의 역할을 해왔으며, 미래의 지식 기반 정보화사회를 살아가는 데 필수적이다(교육과학기술부, 2009).

---

4) 이 개정 고시는 학교급별 학년별로 2011년 3월 1일부터 초등학교 5, 6학년에게 적용한다.

초등학교 수학과 교육 내용은 '수와 연산', '도형', '측정', '확률과 통계', '규칙성과 문제해결'의 5개 영역으로 구성된다. '수와 연산' 영역에서는 자연수, 분수, 소수의 개념과 사칙계산을, '도형' 영역에서는 평면도형과 입체도형의 개념과 성질을, '측정' 영역에서는 길이, 시간, 들이, 무게, 각도, 넓이, 부피의 개념과 활용을, '확률과 통계' 영역에서는 자료의 정리와 해석, 경우의 수, 확률의 의미를, '규칙성과 문제해결' 영역에서는 규칙 찾기, 비와 비례, 문자의 사용, 간단한 방정식, 정비례와 반비례, 여러 가지 문제해결 방법을 다룬다.

수학의 교수학습에서는 학생이 구체적인 경험에 근거하여 여러 가지 현상을 수학적으로 해석하고 조직하는 활동, 구체적인 사실에서 추상화 단계로 점진적으로 나아가는 과정, 직관이나 구체적인 조작 활동에 바탕을 둔 통찰 등의 수학적 경험을 통하여 형식이나 관계를 발견하고, 수학적 개념, 원리, 법칙 등을 이해할 수 있도록 한다. 또한 수학적 문제를 해결하는 과정에서 문제를 명확히 이해하고 합리적인 해결 계획을 세워 실행하며, 반성을 통하여 풀이 과정을 점검하고 다양하게 활용하는 태도를 기르도록 한다. 수학적 지식과 기능을 활용하여 실생활의 여러 가지 문제를 해결해봄으로써 수학의 필요성과 유용성을 인식하고, 수학 학습의 즐거움을 경험함으로써 수학에 대한 긍정적인 태도를 갖도록 한다.

3. 미래 수학교육 과정의 목표

기초적인 수학적 지식과 기능을 습득하고 수학적으로 사고하고 의사소통하는 능력을 길러, 생활 주변에서 일어나는 현상과 문제를 합리적으로 해결하는 능력을 기르며, 수학에 대한 긍정적 태도를 기른다.

(1) 생활 주변에서 일어나는 현상을 수학적으로 관찰하고 조직하는 경험을 통하여 수학의 기초적인 개념, 원리, 법칙을 이해하는 능력을 기른다.

(2) 수학적으로 사고하고 의사소통하는 능력을 길러, 생활 주변에서 일어나는 문제를 합리적으로 해결하는 능력을 기른다.

(3) 수학에 대한 관심과 흥미를 가지고, 수학의 가치를 이해하며, 수학에 대한 긍정적 태도를 기른다.

4. 미래 수학교육 과정의 내용

(1) 6학년 내용

① 수와 연산
  가. 나누는 수가 분수인 나눗셈의 의미와 계산 원리를 이해하고, 그 계산을 할 수 있다.
  나. 나누는 수가 소수인 나눗셈의 의미와 계산 원리를 이해하고, 그 계산을 할 수 있다.
  다. 간단한 분수와 소수의 혼합 계산을 할 수 있다.

② 도형

　가. 각기둥과 각뿔을 이해하고, 구성 요소와 성질을 안다.

　　　나. 각기둥의 전개도를 그릴 수 있다.

　다. 원기둥과 원뿔을 이해하고, 구성 요소와 성질을 안다.

　　　라. 원기둥의 전개도를 이해한다.

　마. 회전체를 이해한다.

　바. 쌓기나무로 만든 입체도형을 보고 사용된 나무의 수를 구할
　　　수 있다.

　사. 쌓기나무로 여러 가지 모양을 만들고 규칙을 찾을 수 있다.

　아. 쌓기나무로 만든 입체도형의 위, 앞, 옆에서 본 모양을 표현
　　　할 수 있다.

　자. 여러 가지 물체의 위, 앞, 옆에서 본 모양을 표현할 수 있다.

③ 측정

　가. 원주율을 이해한다.

　나. 원주와 원의 넓이 구하는 방법을 이해하고, 이를 구할 수 있다.

　다. 직육면체와 정육면체의 겉넓이 구하는 방법을 이해하고, 이
　　　를 구할 수 있다.

　라. 부피를 이해하고, $1cm^3$, $1m^3$의 단위를 알며, 단위 사이의 관계
　　　를 이해한다.

　마. 직육면체와 정육면체의 부피 구하는 방법을 이해하고, 이를
　　　구할 수 있다.

　바. 부피와 들이 사이의 관계를 안다.

　사. 원기둥의 겉넓이와 부피 구하는 방법을 이해하고, 이를 구

할 수 있다.

④ 확률과 통계
    가. 띠그래프와 원그래프의 의미를 알고, 이를 활용할 수 있다.
    나. 비율그래프에서 자료의 특성을 찾아보고, 이를 설명할 수 있다.
    다. 경우의 수의 뜻을 알고, 이를 구할 수 있다.
    라. 경우의 수를 바탕으로 확률의 의미를 이해한다.

⑤ 규칙성과 문제해결
    가. 미지수를 x로 나타낼 수 있다.
    나. 등식의 성질을 이해하고, 이를 이용하여 간단한 방정식을 풀 수 있다.
    다. 비례식을 이해하고, 이를 활용할 수 있다.
    라. 비례식의 성질을 이용하여 간단한 비례식을 풀 수 있다.
    마. 연비의 뜻을 알고, 세 양 사이의 관계를 연비로 나타낼 수 있다.
    바. 비례배분의 뜻을 알고, 주어진 양을 비례배분할 수 있다.
    사. 두 수 사이의 대응관계를 x와 y를 사용하여 식으로 나타낼 수 있다.
    아. 정·반비례 관계를 이해하고, 표나 식으로 나타낼 수 있다.
    자. 정비례와 반비례 관계를 활용하여 실생활 문제를 해결할 수 있다.
    차. 여러 가지 문제해결 방법을 비교하여 문제 상황에 적절한 방법을 선택할 수 있다.
    카. 주어진 문제에서 조건을 바꾸어 새로운 문제를 만들고, 그 문제를 해결할 수 있다.

5. 미래 수학교육 과정의 평가

교사의 수학 수업을 평가하는 기본적인 전제(NCTM,[5] 2000, 김수환, 2008: 20)는 첫째, 수학 수업의 평가 목적은 수업을 개선하고 전문성을 신장시키는 데 있다. 둘째, 모든 교사들은 그들의 수학 수업을 개선할 수 있다. 셋째, 교사들이 평가 과정에서 무엇을 배우는가 하는 것은 평가가 어떻게 수행되느냐 하는 것과 관련이 있다. 넷째, 수업이 복잡하기 때문에 수업 평가도 복잡하다. 단순한 평가 과정은 교사들이 이 기준들에서 설명된 수학 수업의 전망을 실현하는 데 도움을 주지 못할 것으로 보았으며, 구체적인 내용은 다음과 같다.

(1) 수학 학습의 평가는 학생의 인지적 영역과 정의적 영역에 대한 유용한 정보를 제공하여 학생 개개인의 수학 학습과 전인적인 성장을 돕고 교사의 교수 활동과 수업 방법을 개선하는 데 활용한다.

(2) 수학 학습의 평가에서는 학생의 인지 발달 수준을 고려하고, 교육 과정에 제시된 내용의 수준과 범위를 준수한다.

(3) 수학 학습의 평가는 수업의 전개 과정에 따라 진단평가, 형성평가, 총괄평가 등의 적절한 평가 방식을 택하여 실시하되, 지속적인 평가를 통하여 다양한 정보를 수집하고 수업에 활용한다.

---

5) 미국수학교사협의회.

(4) 수학 학습의 평가에서는 획일적인 방법을 지양하고 지필평가, 관찰, 면담, 자기평가 등의 다양한 평가 방법을 통해 수학 교수 학습을 향상시킬 수 있게 한다.

(5) 인지적 영역에 대한 평가에서는 학생의 수학적 사고력 신장을 위하여 결과뿐만 아니라 과정도 중시하여 평가하되, 수학의 교수학습에서 전반적으로 요구되는 다음 사항을 강조한다.

① 수학의 기본적인 개념, 원리, 법칙을 이해하고 적용하는 능력

② 수학적 표현의 의미를 이해하고 정확하게 사용하는 능력

③ 수학적 지식과 기능을 활용하여 타당하게 추론하는 능력

④ 다양한 상황에서 발생하는 여러 가지 문제를 수학적으로 사고하여 해결하는 능력

⑤ 생활 주변 현상, 사회 현상, 자연 현상 등의 여러 가지 현상을 수학적으로 관찰, 분석, 조직하는 능력

⑥ 수학적 사고 과정과 결과를 합리적으로 의사소통하는 능력

(6) 정의적 영역에 대한 평가에서는 학생의 수학에 대한 긍정적 태도를 신장시키기 위하여 학생의 수학에 대한 바람직한 가치관

이나 수학 학습에 대한 관심, 흥미, 자신감 등의 정도를 파악한다.

(7) 수학 학습의 평가에서는 평가하는 학습 내용에 따라 학생에게 계산기, 컴퓨터와 같은 공학적 도구와 다양한 교구를 이용할 수 있는 기회를 제공할 수 있다(교육과학기술부, 2007).

6. 미래 수학교육 과정의 다른 점

미래 수학교육 과정의 다른 점은 IT산업과 지식의 폭발적인 증가로 학생들의 흥미와 호기심을 유발하는 방향으로 다음과 같이 추진될 것이다(교육과학기술부, 2009).

첫째, 수학적 의사소통 능력은, 수학 용어, 기호 표, 그래프 등의 수학적 표현을 이해하고 정확히 사용하는 능력, 수학적 아이디어를 말과 글로 설명하고 시각적으로 표현하여 다른 사람과 효율적으로 의사소통할 수 있는 능력, 수학을 표현하고 토론하면서 자신의 사고를 명확히 하고 반성함으로써 의사소통이 수학을 학습하고 사용하는 데 중요함을 인식하는 태도 등을 말한다.

둘째, 수학적 문제해결 능력은, 학생 스스로 문제 상황을 탐색하고 수학적 지식과 사고 방법을 토대로 문제해결 방법을 적절히 활용하여 문제를 해결하는 능력, 학생의 경험과 요구를 바탕으로 문제를 창의적으로 해결할 수 있는 능력, 문제해결의 결과뿐만 아니라 문제해결 방법과 과정 및 문제를 만들어보는 활동을 중시하는 태도, 생활 주변 현상, 사회 현상, 자연 현상 등의 여러 가지 현상에서 파악된 문제를 해결하면서 수학적 개념, 원리, 법칙을 탐구하고 이를 일반화하는 능력 등을 말한다.

셋째, 수학에 대한 긍정적 태도와 바람직한 가치관은 수학 학습을 성공적으로 수행하는 데에 중요한 역할을 하며, 수학 교수·학습 활동에 활력을 줄 수 있다. 초등학교에서부터 수학에 대한 흥미와 호기심, 수학에 대한 자신감, 수학의 유용성 및 가치 인식, 과제 집착력과 의지, 창의적 사고, 수학 수업에의 참여 등을 강조함으로써, 학생들이 이후의 수학 학습을 성공적으로 수행할 수 있는 정서적 토대를 마련하는 것이 중요하다(교육과학기술부, 2009: 17-18).

7. 수학교육의 3가지 관점

수학교육은 교육하게 될 '수학내용', 교육의 대상인 '학생의 심리', 어떻게 교육할 것인가를 모색하는 '교육 방법'의 3가지 측면에서 고려되어야 하며(배종수, 2000: 131-132), 그림으로 나타내면 다음과 같다.

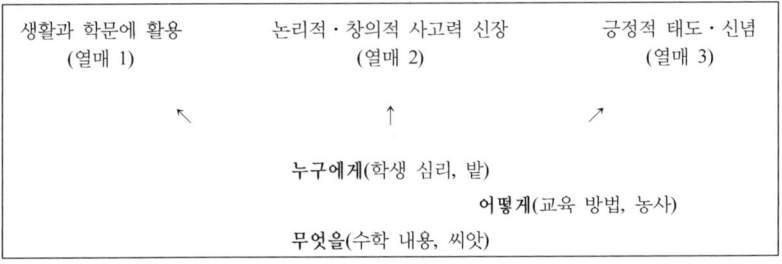

출처: 배종수(2000: 131).

〈그림 2〉 수학교육의 3가지 관점

(1) 무엇을: 수학내용(개념, 원리, 법칙)

예를 들어 가분수의 개념, 원리, 법칙은 무엇인가? 가분수를 가르치는 이유는 무엇인가? 수학 내용은 농부에게 있어서 씨앗과 같은 존재이다.

(2) 누구에게: 학생(심리, 문화)

수학교육은 연구자들의 입장에서 학생들을 연구하는가? 아니면 학생의 입장에서 학생들을 연구하는가? 학생들의 심리는 진화론 입장에서 연구하는가? 창조론 입장에서 연구하는가?

(3) 어떻게: 수학교육 목표를 위한 수학 교육 방법

수학을 교육하는 사람이 수학 내용을 학생들에게 어떻게 가르칠 것인가에 대한 방법이다. 수학교육 목표는 실생활에 활용하고 학문의 기초로 활용하는 것이며, 학생들의 논리적인 사고력과 창의적인 사고력을 신장하는 것이고, 학생들이 수학에 대한 긍정적인 태도와 신념을 갖는 것이다.

제 4 장

수학의 개념원리 교육

수학의 개념원리 교육은 그 생성 단계에서 추상화, 이상화, 형식화의 과정을 거치며, 적용 발전 단계에서는 일반화와 특수화의 과정을 거치고, 지식의 보존·정리 단계에서는 계통성과 논리성에 따르도록 해야 한다.

개념발달은 고등 정신 기능에 의한 일련의 수학 학습 활동을 통하여 보다 상위의 정신 기능으로 나타나는 과정이라고 하였다(김연중, 2008). 이것은 교사나 동료와의 상호작용을 통한 외적 활동으로부터 내적인 정신 기능에로의 변형을 말하는데, 개인정신 간 작용이 개인 내적 작용으로 정신 기능이 형성되는 과정, 즉 개인정신 간 국면으로부터 개인 내적 차원에서 정신기능이 형성되는 과정을 의미하는 것으로써 외부의 것이 타인에 의해 주어지는 것이 아니며, 단순한 복사나 전이가 아니라 학습자가 개인정신 간 기능이라는 노력을 거치면서 개인 안에서 형성되는 과정이며, 목표 지향적인 과정을 말한다. 이러한 과정에서 나중에 형성되는 수준은 언어의 내면화를 포함하며 개념의 발달은 세 단계를 거친다고 본다. 혼합적 응집체(vague syncretic conglomeration)로 시작하여 두 번째 단계인 복합체적 사고(thinking in complexes) 단계를 거쳐 마지막 진성 개념(true concept or genuine concept)이 형성되는 것을 최종 단계라 하였다. 그러나 마지막 단계에 이르지 못했다 하여 개념의 발달이 이루어지지 않는 것으로 간주하지는 않는다(고호영, 2003: 5-6).

현실의 상황에서 구체물로 직관이나 조작 활동으로 이뤄지는 출발 단계, 구체물로 직관이나 조작 활동에 대응하여 반구체물인 그림을 그리거나 식 쓰기단계, 반구체물인 그림 그리거나 식 쓰기에 대응하여 추상적인 수학 기호와 수학 용어를 합의하는 약속단계 등 3단계 과정이 이루어져야 수학개념이 형성된다고 하였으며, 수학 개념 확인 과정의 5단계는 첫째, 약속한 수학 용어에 알맞은 수학 기호를 한 개 선택하기. 둘째, 선택한 수학 기호에 알맞은 식 쓰기. 셋째, 선택한 수학 기호에 알맞은 그림 그리기. 넷째, 선택한 수학 기호에 알맞은 문장 만들기. 다섯째, 선택한 수학 기호에 알맞은 아름다운 문장 만들기 등이다(배종수, 2000: 135-13).

1. 수학 개념형성의 정의

수 개념형성은 최근의 수학교육 과정에서 강조되고 있기는 하지만, 그렇다고 해서 아주 새로운 개념은 아니다. 수 개념형성은 1930년대 브로우넬(W. Brownell)이 주장한 '유의미 학습'과 관련이 있다. 브로우넬은 양적인 사고에서 성공하려면 의미의 축적이 필요한 것이지, 무수히 많은 자동화된 반응이 필요한 것은 아니며, 훈련은 의미를 발달시키지 못하고 반복을 통해서 이해를 이끌 수는 없음을 주장했다. 즉, 유의미 학습은 기억력을 높이는 최선의 방법으로서 의미 있게 발달되고 이해를 바탕으로 학습된 모든 수학의 국면(지식, 기능, 문제해결)은 더 오래 기억된다고 하였듯이 수의 의미를 중시하는 수 개념형성과 깊은 관련을 맺고 있다(경기도초등영재교육연구회, 2008: 6-8).

2. 수학 개념의 이해

수학 개념의 이해는 과거에 많은 교수 프로그램들이 "빈 용기 이론", 즉 학생의 정신은 빈 그릇과 유사하므로 교사가 학생의 머릿속에 지식을 부어 넣어 주어야 한다는 이론 위에 세워졌다. 최근의 심리학적 연구 결과는 이 이론이 잘못된 것으로 보고 있다. 학생들은 새로운 개념을 이해할 때 이미 종합되어 있는 이전의 지식들을 모아서 자신의 마음속에 새로운 지식의 표상 구조를 세우며, 교사가 가르치고자 하는 새로운 개념과 갈등을 일으키는 개념을 갖고 있을 경우 새 개념을 배운다고 해서 오래된 개념을 지워 없애지 못한다는 것이다.

학생들은 문제나 과제에 직면(박선화, 1998: 53-54)했을 때 갈등을 일으키는 새 개념이나 오래된 개념 중 어느 하나를 구축하게 되므로, 중요한 것은 새로운 개념의 소유냐 비소유냐가 아니라 어느 것을 구축할 것인가의 선택이며, 때로는 그러한 두 개념이 결합되기도 한다는 것이다.

Piaget는 지식 획득에 대한 전통적인 견해를 부정하고 개념의 이해를 구성주의적 시각에서 설명하고 있다(김건용, 2009: 36-37). Piaget에 따르면, 지식의 획득은 학습주체와 그의 환경 사이에서 균형을 유지하기 위해 끊임없이 일어나는 상호작용의 결과이다. 이 균형 과정에서는 새로운 개념을 기존의 인지구조에 통합시키는 동화작용과 새로운 개념에 맞게 학습자의 기존의 인지구조를 변화시키는 조절작용이 일어난다. 동화와 조절이 성공적으로 일어났을 때 개념이 획득된다고, 즉 그 의미가 구성된다고 보고 있다. 따라서 개념을 이해한다는 것은 동화와 조절을 통해 개념의 의미가 학습자의 인지 구조의 일부로 구성되었을 때라고 할 수 있을 것이다. 이것은 개념의 이해를, 적절한 스키마(schema)[1]에 동화시키는 것이라고 설명하고 있는 Skemp의 주장과도 일치한다(교육과학기술부, 2009).

Piaget와 Skemp의 이러한 주장에 따르면, 학생들이 개념을 이해하는 데에 어려움을 겪는다는 것은 그들이 개념을 자신의 인지 구조의 일부로서 적절하게 동화 또는 조절시키는 데에 어려움을 겪는다는 것을 의미한다. 따라서 학생들이 개념을 이해하는 데에 어려움을 겪는 원인은 크게 두 가지로 나누어 생각할 수 있다.

하나는 새로운 개념과 학생의 기존의 인지구조 사이의 간격이 너무 넓어서 학생이 새로운 개념을 자신의 기존의 인지구조에 적절히 동화시키기 어려운 경우이다. 개념을 이해한다는 것은 개념의 본질상 그 개념의 관계망을 형성한다는 것이다. 따라서 관련을 맺을 수 있는 뭔가가 있어야만 하고 그것도 가까이 있어야만 둘 사이의 관계를 볼 수 있다(교육과학기술부, 2009).

듀이(Dewey)는 어떤 지식을 이해하기 위해서는 그에 대해 약간은 이미 이해하고 있어야 하고, 어떤 의미에서는 이미 숙달되어 있어야 한다고 보고 있다. 그렇지 않으면 사고는 불가능하다는 것이다. 인간은 의미를 파악하기 위해 생각하지만, 더 많이 알거나 더 많이 경험

---

1) 데이터 전체의 구조를 정의하는 개념 스키마, 실제로 취급하는 구조를 정의하는 외부 스키마 및 구조의 형식을 구체적으로 정의하는 내부 스키마가 있다.

할 때 이전에는 모든 것이 문제될 것이 없고 자연스러워 보였던 곳에서 이해되지 못한 부분과 불분명한 요점을 발견하게 된다. 지식의 진보는 이전에는 분명하고 명백하고 그 자체적으로 설명이 되는 것으로 인정했던 것에서 여전히 불분명한 어떤 것을 발견하는 데에서 비롯된다. "이해는 이전의 견해를 포기하거나 그것에 매달리는 데에 있지 않으며 모든 편견을 잊어버리는 데에 있지도 않다. 이해를 불가능하게 하는 주관적인 손상만이 있는 것이 아니라면, 편견이 바로 이해의 조건이다. 이해하기 위해서는 이미 이해하고 있어야 하고, 이해되어야 할 의미를 예상해야 하며 어떤 선판단을 갖고 있어야 한다"고 말하고 있다(교육과학기술부, 2009).

'수학은 인간에 의해 끊임없이 창조되고 발견되는 인간의 활동'이라는 점에서 실제적인 문제 상황으로부터 그 정리 수단으로 출발하여 점진적 수학과 과정을 거쳐 구성된 지식이므로, 현실 속에서 수학적 개념을 찾아내거나 조직하여 발명과 유사한 경험을 할 수 있는 활동을 해야 한다고 하였다(김연중, 2008).

따라서 수학은 학생들이 가진 현실적인 상황으로부터 출발하여야 하며, 수학자들과 같이 지식의 기록이 아닌 활동으로써 수학을 실행하고 재발명하여야 한다(김주일, 2004).

이러한 주장들은 모두 개념의 이해가 백지 상태에서 시작될 수 없으며, 새로운 개념과 관련지을 수 있는 의미가 학습자의 기존의 인지구조에 존재해야 함을 의미한다.

극한 개념의 경우에 학생들은 이미 초등학교 때부터 암암리에 그에 대해 경험해왔고, 특히 수열의 극한 개념은 그 이해의 출발점이 되는 수열을 배운 직후에 이어서 배우는 내용이라는 점에서 극한 개념의 이해를 어렵게 하는 주요 요인은 극한 개념과 학생의 기존의 지식 사이의 간격이 넓기 때문이라기보다는 다른 곳에서 찾아야 할 것으로 생각된다.

3. 수 개념형성의 요소

초등학생의 문제해결력을 위해 수 개념형성 구성요소들을 제시하였는데 오랜 시간 동안 다른 사람들에 의해 동의되어 온 기본적인 수 개념형성의 구성요소들을 정리하고 수 개념 체계를 구성하였으며, NCTM(2000: 26-30)[2]의 수학을 위한 원리와 기준에서는 수 개념형성을 계발하기 위한 내용 요소를 다음과 같이 제시하였다.

(1) 수, 수 표현 방법, 수 사이의 관계성, 수 체계들을 이해하기: 다양한 물리적 자료들을 사용한 수들의 표현 및 십진 체계의 구조를 이해하고, 십진 체계에서 소수의 이용과 1/4, 25%, 0.25는 같은 수에 대한 다른 이름이라는 것을 알게 함으로써 학생들은 수들 사이에 관련성의 이해를 위한 기초를 가지게 된다.

(2) 연산의 의미와 연산들이 서로 관계된 방법을 이해하기: 그림이나 구체물과 같은 표현들을 만들고 활동함으로써 학생들은 연산들 사이에 관계성의 개념형성을 얻을 수 있고, 특정한 문제에서 +, −, ×, ÷을 할 것인지를 결정할 수 있어야 한다. 그것을 하

---

2) 미국수학교사협의회. principles and standards for school mathematics.

기 위해서 학생들은 표면적으로 서로 상당히 다른 것으로 보이는 문제 상황에서 똑같은 연산을 적용할 수 있다는 것을 인지하여야만 하고, 연산들이 서로 어떻게 관련되어 있는지 등 기대되는 어떤 결과에 대한 아이디어를 가지고 있어야 한다.

(3) 유창하게 계산하기와 타당한 어림하기: 학생들은 암산, 지필 전략, 어림, 계산기 사용을 선택하는 것을 돕는 경험들을 가져야 하며, 어림이 필요한 것인지 정확한 답이 필요한 것인지를 결정하는 문제 상황을 평가하여야 하고 자신의 결정에 대한 타당한 근거를 제시할 수 있어야 한다.

〈표 1〉 개념형성 학습 과정

단계	학습활동	유의점
문제파악	− 출발점 행동 고르기(선수학습 상기) − 사상의 제시, 관찰(범례적인 외연 자료) − 공부할 문제 설정	− 선수학습과 관련하여 자주적으로 과제 파악이 이루어지도록 함
개념추구 (유별 · 추상)	− 분류 또는 유별 조작 활동 − 공통성질의 발견(귀납추리 − 추상) * 이름 붙이기와 약속하기(정의)	− 긍정적인 예와 부정적인 예를 적절한 비율로 제시함(3:1)
개념화	− 개념의 일반화(언어화, 문자화, 기호화) − 개념의 내포와 외연의 확정(상호 관계 파악)	− 개인사고⇒소집단사고⇒전체사고를 통하여 개념을 형성함
적용 · 발전	− 알고 있는 개념과 관련짓기 − 변별하기 * 작도하기(구성활동)	− 구체적인 사례를 보기로 들어 활용시킴

출처: 교육과학기술부(2003: 28).

4. 수학 개념형성 수업 모형

개념이란, 인간이 지각하고 경험한 다양한 사실이나 사상들이 공통적으로 가지고 있는 의미와 속성에 따라, 어떤 범주나 구성으로 표현된 속성들의 총체라고 볼 수 있다. 특히 수학적 개념은 그 생성 단계에서 추상화, 이상화, 형식화의 과정을 거치며, 적용 발전 단계에서는 일반화와 특수화의 과정을 거치고, 지식의 보존·정리 단계에서는 계통성과 논리성에 따르게 된다(교육과학기술부, 2009: 34-35).

수학적 개념을 효과적으로 지도하기 위해서는 학습할 소학적 개념의 선정, 선정된 수학적 개념을 학습하는 데에 영향을 주는 긍정적 요소와 부정적 요소에 대한 탐색, 학습할 개념의 논리적 위계성에 따른 전후 관계 개념의 파악, 선수 학습 요소와 학습자의 출발점 행동, 개념 학습 후의 평가 과정 등을 고려하여야 하며, 수학과의 개념형성 수업 모형은 대체로 다음과 같은 절차에 따라 진행된다.

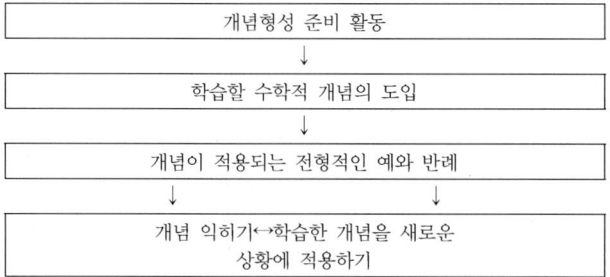

출처: 교육과학기술부(2009: 34).

〈그림 3〉 개념형성 수업 모형의 절차

수학적 원리(법칙)나 정리 등을 일반적으로 원칙이라 할 수 있는데 이 연구에서는 수학의 기본적인 법칙 또는 일반적인 구조 등의 뜻으로 사용하기로 한다. 초등학교에서 다루는 수학적 원리의 대부분은 연역적 방법보다는 귀납적 방법을 통해 이해되도록 하는 것이 효과적이다.

〈표 2〉 원리 탐구(원칙 발견) 학습 과정

단계	학습활동	유의점
문제파악	−출발점 행동 고르기 −학습문제의 구성 및 제시(문제 구조의 발견 지도)	−문제를 해결할 의욕을 갖게 함 −문제의 뜻이 무엇인지 분명하게 알도록 함
탐색(예상)	−관련 선수학습의 상기(유비) −해결방법의 탐색(직관적 사고) −결과의 예상	−문제의 용어를 자신의 말로 바꾸어 표현할 수 있도록 함
해결 (일반화, 음미)	−구체적인 조작에 의한 문제해결활동 (개인학습)−(소집단)−(전체학습) −일반적인 방법의 정리(언어화, 기호화)	−해결과정을 검토하여 보다 나은 방법을 찾을 수 있게 함
적용·발전	−연습 및 적용문제해결 −과제 제시	−새로운 문제를 스스로 만들어보게 하여 사고력을 확산시킴

출처: 교육과학기술부(2009: 30).

5. 수학 원리 탐구수업 모형

수학적 지식은 개념적 지식(conceptual knowledge)과 절차적 지식(procedural knowledge)으로 분류되기도 한다. 초등수학에서 가르치는 대부분의 내용은 절차적 지식에 해당된다. 절차적 지식의 형성은 수학적 원리의 이해가 뒷받침될 때에 효과적이다. 물론 그 이전에 수학적 원리의 이해를 위해서는 개념적 지식이 체계적으로 형성되어 있어야 한다.

초등학교에서 다루는 수학적 원리의 대부분은 연역적 방법보다는 귀납적 방법을 통해 이해되도록 하는 것이 효과적이며, 수학과의 원리 탐구수업 모형은 대체로 다음과 같은 절차에 따라 진행된다.

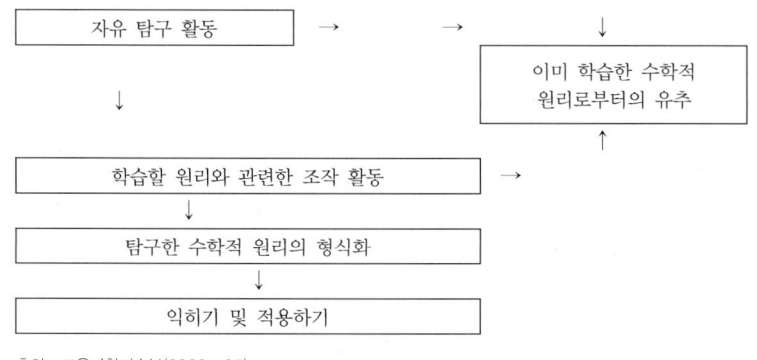

출처: 교육과학기술부(2009: 35).

〈그림 4〉 원리 탐구수업 모형의 절차

6. 수학 개념원리를 위한 실험수업의 의의

수학교육에서 실험수업의 전문성 신장을 위한 프로그램의 고안은 반영적 사고와 이론과 실제의 연계에 그 지향하는 바를 두고 있다. 또한 핵심적 구조의 특성은 전문성 신장을 위한 프로그램에 따라 시도되었으며, 교사들이 자신의 실재에 반영할 수 있고 자신의 교수학습을 자가 생성(Carpenter & Leher, 1999)될 수 있게 함을 그 궁극적인 목적으로 둔 실험수업을 제안하였다(고호경, 2005: 78-84).

(1) 수학교육에서 실험수업의 필요성

실험수업(laboratory class)은 다양한 다른 학문적·기술적 영역, 즉 직물이나 화학 또는 의학 등에서 사용되고 있는 것으로써 판독이나 실험 또는 결과를 조사하기 위한 방안 등으로 이미 널리 활용되고 있는 것이라 할 수 있다. 근래에 들어 교육 분야에서도 여러 가지 활용 방안으로써 예측이나 판독 혹은 가설의 검증이나 결과를 얻어내기 위한 방안으로써의 실험의 장이 활용되고 이를 통해 교사의 전문성 신장을 꾀하려는 노력들이 이루어지고 있으며(고호경, 2005: 78), 듀이의 실험학교에서 가져온 실험수업의 요인들은 다음과 같다.

① 공동체 형성

"Dewey는 인적 자원을 풍부히 하고 학교의 공동체(community)의 전문성을 높이기 위하여 실험학교 내의 공동체를 시카고 대학의 사람들 연계 속에서 구성하였다." 여기서 Dewey는 공동체 내의 참여 행위를 통해 능동적으로 참여하고 지도된 행위의 결과들을 수용하는 것을 중요시하였다. Stone(1999)은 학교의 미래를 지향하는 원리를 Parker와 Dewey의 진보적 원리에 의해 구성된 학교 공동체의 운영에서 가져왔다. 그에 의하면 교수 방식은 경험을 통해 활동 속에서 또한 교수 방식을 표현할 기회를 가지면서 발전을 이룰 수 있다는 것이다(김연중, 2008). 반영적 사고는 공동체 내에서 타인과의 상호작용에서 발생됨이 필요하다고 하였으며 Dewey의 상호작용과 계속성의 원리는 경험의 교차적 요소로써 상호작용이 없는 경험은 불용성의 경험으로써 아무런 열매를 기대할 수 없다고 하였다. 따라서 실험수업의 기본은 교사 교육가가 포함된 교사들의 공동체의 형성이라고 할 수 있다.

② 활동 속에서의 검증을 위한 가설

Dewey는 자신의 실험학교에서 나온 문제제기를 교육학적 이론을 통해 검증(Hypotheses to be tested in action)하고자 하였다. 교사가 교수 경험을 공유하는 것에서부터 시작해서, 구체적 문제제기의 형성, 그것의 경험적 해결방법과 이론적 연계의 설계 등을 구안한 후, 시험이나 실험하는 단계로 들어갈 수 있다. 다시 말하면, 실재 활동 속에서 시험되어야 할 가설들을 검증하기 위한 또는 이차적 경험(교육적 경험)을 제공하자는 것이 실험수업이다(김주일, 2004).

③ 이론과 실제의 연계

Dewey는 원인과 효과, 활동과 결과 등을 서로 묶기 위하여 이들 간에 어떤 관계가 있는지 분석해야 하며, 이는 더욱 정확하고 설명 가능한 통찰을 제공한다고 하였다. 실험수업이란 학습자(교사)가 일차적 경험이라고 볼 수 있는 자신의 수업에서 얻은 지식과 가설 등을 교사 교육가가 가져오는 이론과 연결시키며, 새로운 교육적 이차 경험으로써 행해지는 것이다. 이는 학생과 학생의 수학에 대한 더 올바른 이해와 교육이론에 따른 교수와 교수 내용을 제공해줌으로써 불명확한 상황들의 이해를 보다 명쾌한 상태로 정립할 수 있는 기회로 주어질 수 있다(창의사고력연구소, 2008).

④ 심리학적 관찰 및 반영

"반영적 사고는 심리학적 관찰을 통해 한발 훈련이 되어야"(창의사고력연구소, 2008)하며, "반영적 사고는 지식을 목적으로 하는 것이 아니라 요인들에 대한 신념을 목적(Psychological observation and reflection)(Dewey, 1997)"으로 하기 때문에, 실험수업은 지식 제공 그 자체에 그치지 않고 교사의 사고의 성장, 즉 교사 경험의 성장에 가치를 두어야 한다. 따라서 실험수업의 목적은 "우수한 교사들은 어떻게 가르치는가 또는 어떤 교사가 자신의 교수에서 찾아낸 어떤 특수한 '무엇인가'를 얻거나 보기 위함이 아니라, 이를 통하여 심리학적 관찰과 반영적 사고, 그리고 교육적 활동의 개념들에 대한 자료를 얻는다(창의사고력연구소, 2008)."

Dewey는 관찰은 '실제적' 관점에서부터 이루어지기보다는 심리학적 관점으로 이루어져야 한다. 만일 실제적 관점이 강조되어진다면, 독립적인 심리학적 수행자가 되기 이전에 모방의 원리에 강하게 노출이 되어 현 관찰자의 미래의 교수에 지나친 영향을 행사하게 될 것이고, 결국 개인의 통찰력과 창안성에 손상을 가져올 것이다. 이런 성장의 단계에서 교사에게 필요한 것은, 지적으로 접촉할 타인, 즉 학생과 무슨 일이 일어날 것인지를 정신적으로 볼 수 있는 능력이다. 다시 말하면 교사들은 심리학적으로 관찰하는 것을 배울 필요가 있다―이것은 보여주는 '우수한 내용'을 어떻게 얻을 것인가의 단순한 관점에서 관찰하는 것과는 상당히 다른 의미인 것이다(창의사고력연구소, 2008).

⑤ 유연성

Dewey는 자신의 이론과 실제적 검증을 위한 실험학교에서의 모든 변수들, 즉 교사와 장비, 공간, 이론의 가설과 실행을 위한 프로그램과 각종 스케줄의 진행 등등, "학교 조직과 진행에서의 가장 중요한 특징은 융통성이었다"고 하였다. 이것은 Dewey의 좋은 목표들의 범주(the criteria of good aims)에서 엿볼 수 있는 것처럼 그의 목표관이라고 하는 것이 현재 일어날 수 있는 상황들이라는 것을 중시하였고, 서로 충돌될 시에는 대안적 선택들의 중요성을 강조한 그의 철학에서 엿볼 수 있다. 현재 조건의 자연발생적 상황 내에서 각종 상황의 변수와 어려움을 반영해야 한다는 것이다. 이것은 초기 목적과는 다른 다소 무엇인가 부과된 것일 수도 있고 감해진 것이라고도 할 수 있는, 말하자면 유연해야 한다는 것이다. 실험 수업을 위한 공동체 특징 중 하나는 대학 사람들의 스케줄과 필요에 의해 일정이 짜이는 것이 아니라, 초점을 철저히 교사들의 일정과 필요에 의한 융통성 있는 진행이라고 할 수 있다. 그러나 이론에 따른 가설검증이나 원리를 실천하기 위해 배경이 되는 모든 것들, 즉 교수진, 도구, 공간, 시간 등이 고정된 스케줄과 프로그램에 따른 것이 아니라고 해서 "이런 모든 요인들이 되는 대로 배열되고 진행된다는 것을 의미하는 것은 아니다. 애초에 착상하고 고안한 것을 보증할 수 있는 범위 한도의 유연한(flexibility) 조직과 구조"의 특징을 일컫는 것이다(창의사고력연구소, 2008).

⑥ 효과적인 자기 방향 제공

실제를 근거로 한 반영적 사고 훈련을 통하여 교사는 자신의 수업에서 합리적 사용과 적용을 할 수 있는 독립적 판단가 및 비평가가 되도록 하는 것이 교사교육의 최종목표(김연중, 2008)이다. 이에 따라 실험수업은 "가치 있는 이론을 실제의 자신의 수업에 반영하고 이를 발전시켜 나갈 수 있는 원동력을 제공함으로써 효과적인 자기 방향성(Providing effective self-direction)을 정립하여, 교과의 교육학적 발달이 무엇인지 감지할 수 있는 센스를 키울 수 있는, 또한 다른 경우들에 대해서 자기 판단(self-judgment)을 할 수 있는 기준들의 제공 및 조절방법에 대한 조언이라 할 수 있다(창의사고력연구소, 2008)."

⑦ 자질을 갖춘 지도자

교사는 반드시 교육학적 이론 내에서 그리고 일종의 관찰 속에서 또 한 가지는 사전 토론 내에서 프로그램을 진행할 수 있어야 한다. 또한 여기서 조언을 해주는 리더들은 교수 자료나 방법을 너무 지나치게 세심한 것까지 그렇다고 너무 가볍거나 즉각적인 비평이 오가서는 안 되며, 개인의 창안적인 활동들이 허용되고 또 그렇게 하도록 장려되어야 한다고 하였다(김건용, 2009).

⑧ 서비스 정신

Dewey(1916)는 자신과 타인의 지적 성장에 가치를 둔 태도가 요구되는 것으로써 '온 마음을 다하는 태도'를 먼저 강조하였으며, Rodgers(2002)는 이 태도가 우선 요구되는 이유가 학생에게 가르쳐야 할 수학 내용과, 학생의 수학과, 이 두 가지를 어떻게 교수를 통하여 연결해 나갈 것인가에 대한 열정과 에너지 없이 반영적 탐구의 싹이 트기는 어렵다는 것이다. 따라서 이것이 실험 수업에 있어서 교과나 교사 모두에게 가장 우선적으로 바탕이 되어야 할 개인의 정신 자세라 볼 수 있다(김건용, 2009).

⑨ 비평적 토론

비평적 논의(Critical discussion)를 통해 교사는 반영적 사고를 증진시킬 수 있으며, 교사 전문성계발 프로그램의 궁극적 목적인 프로그램을 통해 얻어진 것들을 개인의 수업에 반영할 수 있고, 결국 실재 교수 상황에 변화를 가져올 수 있다.

⑩ 자신의 수업에의 적용

실험의 결과에 대한 분석이 이루어진 후에 남은 마지막은 그 결과에 대한 확정 및 적용이다(이 실험 수업에 대한 비평적 토론을 통해 새로운 후속 실험수업을 설계함은 물론 이에 대한 결과들을 자신의 수업에 반영(Being applicable to their own class)할 수 있도록 하는 것이 실험수업의 궁극적 목적이라 할 수 있다.

7. 수학 교수학습 원리

수학 학습을 위한 효과적인 교수법은 학습 과정의 본질에 대한 이해를 바탕으로 해야 한다고 하면서 세 가지 교수 원리인 '활동적 학습의 원리', '최선의 동기 유발의 원리', '비약 없는 단계의 원리'를 제시하였다. 일반적으로 수학과의 교수 원리는 활동적 원리, 발생적 원리, 귀납적 원리를 들 수 있다(창의사고력연구소, 2008).

(1) 활동적 원리

수학을 기성의 학문 체계라고 생각하는 것이 아니라, 인간이 스스로 창조해 나가는 사고 활동으로 보고 그것을 학생의 내부에서 재창조하는 형태로 학습시키고 수학적 활동의 본성을 규명하여 그에 입각한 수학교육을 전개하려는 것이다.

활동적 원리의 기원은 J. A. Comenius(1623)의 大教授學(Didactica Magna)―감각적, 신체적 활동이 가장 자연스러운 교육 방법(全感覺實體, whole sensual reality)―에서 찾을 수 있다. '활동을 학습하는 가장 좋은 방법은 그것을 수행하는 것'으로 행위로서의 활동성은 목적이 아니라 수단이다. 따라서 외적인 행위가 내적인 개념형성으로 전환되는 '내면화'가 이루어지도록 활동을 유발시키는 구체적 상황의 구성과 실세계를 경험하도록 돕는 교구의 개발이 필요하다(김연중, 2008).

'활동의 즐거움'은 주체적인 활동을 통하여 수학을 학습하는 즐거움과 충실감을 느끼는 데 있다. 수학적 활동은 주로 손이나 신체를 사용하여 작업적·체험적 활동을 하는 외적 활동을 말하고 있으나 넓은 의미의 수학적 활동을 생각할 때는 '탐구, 사고 활동'과 같은 내적 활동도 포함시키고 있다. 수학적 활동의 유형으로는 다음과 같이 10가지를 생각할 수 있다(上海教育出版社, 2007).

① 물건을 만드는 활동: 수학 학습 중에 생각하면서 구체적인 물건을 실제로 만들어본다. 예컨대 직(정)육면체의 전개도를 생각하면서 모형을 만드는 활동을 한다.

② 교실 밖에서의 활동: 실제의 생활공간에 나가서 체험을 해본다. 예컨대 운동장에서 지름이 10m인 원을 그리고 이 원의 원주가 지름의 약 3.1배가 되는 것을 확인하는 활동을 한다.

③ 교구를 사용하는 활동: 수학 수업 중에 구체적인 도구를 사용하거나 이미지를 만들기 위하여 구체물을 사용하여 조작한다. 예컨대 컴퍼스를 사용하여 원을 작도하거나 기하판 위의 도형 구성, 수 도형을 나열하여 수의 이미지를 형성하는 활동을 한다.

④ 조사하는 활동: 실제의 자료를 해석하기 위해 실태를 조사하거나 자료를 이용하여 그것으로부터 자료를 찾아낸다. 예컨대 학교 앞 도로를 지나는 차의 교통량을 조사하기 위하여 학교 밖의 도로 실태를 조사하러 가는 활동을 한다.

⑤ 문제해결방법을 생각하는 활동: 문제의식을 가지고 적절한 문제해결방법을 찾아낸다. 예컨대 2÷3의 답을 2개의 수로 표현하는 방법을 논의하면서 해결 방향을 추구하는 활동을 한다.

⑥ 실생활에 살려나가는 활동: 수학 수업에서 학습한 내용을 실제의 자신의 생활 속에서 살려나간다. 예컨대 직(정)사각형의 넓이를 구하는 방법을 사용하여 운동장이나 체육관의 넓이를 가로와 세로의 길이를 측정하여 실제 계산으로 구하는 활동을 한다.

⑦ 발전시키는 활동: 학습 내용을 스스로 확장하거나 일반화한다.

예컨대 두 자릿수끼리의 덧셈 방법을 학습한 다음에 '자릿수가 닮은 계산도 같은 방법으로 할 수 있는가?'와 같은 문제해결에 발전적으로 생각하는 활동을 한다.

⑧ 타교과나 영역과 통합시키는 활동: 수학과 사회, 수학과 과학 등 타교과와 함께 취급되는 내용을 총합한다. 또 수학과 내용 중에서도 수와 도형을 같이 학습할 내용을 연구하거나 도형과 양의 내용을 통합적으로 취급한다. 예컨대 실제 산업 자료로서의 원그래프나 띠그래프를 사용한 자료를 읽는다. 요리에 있어서 음식물 양의 비율 등을 계산하는 활동을 한다.

⑨ 문제를 만드는 활동: 스스로 학습한 내용으로부터 문제를 만들어본다. 또 한 문제를 발전시켜 관련 있는 문제를 만들어낸다. 예컨대 $12 \div 3$과 같은 나눗셈을 학습한 다음에 이와 같은 식이 되는 나눗셈의 구체적인 장면을 만들어보는 활동을 한다.

⑩ 측정하는 활동: 양과 측정에 관한 학습을 한 다음에 실제 생활 주변에 있는 것들에 대하여 실측한다. 예컨대 부피의 학습에서 실제로 1m^3의 단위를 이해하기 위하여 그 크기를 만들어보거나, 이에 대한 양감을 교실의 입체적인 크기에서 알아보는 활동을 한다.

(2) 발생적 원리

수학을 형식 논리적으로 전개하고 완성된 것으로 가르치는 형식주

의의 결함을 극복하기 위하여 제기된 교수학적 원리로서, 수학 교수
학습 문제에 대한 해결 방안을 수학의 창조와 적용의 자연스러운 인
식론적 과정에 대한 어떤 해석에 따라 구상하려는 것이다.

발생적 원리의 기원은 소크라테스(Socrates, B.C. 469~399)의 '산파
법(産婆法)'에서 찾을 수 있으며(경기도초등영재교육연구회, 2008),
다음과 같이 분류할 수 있다.

① Lindner(19C)는 '역사-발생적 방법'을 강조하였는데, 인류의 대
   역적인 학습 과정을 학습자로 하여금 단축된 형태로 반복하게
   함으로써 수학적 사고 경험을 시키는 것으로 이를 위해 '소재를
   그 자연스러운 순서에 따라 간단한 것으로부터 합성된 것으로,
   원인으로부터 결과에, 보다 작은 것부터 큰 것으로, 쉬운 것에
   서 어려운 것으로 나아가되, 하나하나의 동인을 아주 주의해서
   서로 결합하는 것'과 같은 교수방법을 발생적 방법으로 정의하
   였다.

② Mager는 '심리-발생적 방법'을 제안하였는데, 수학 자체는 죽
   은 소재이며 그 발전을 이룩하는 것은 인간 정신의 구성적 활동
   으로, 이러한 활동의 본질을 조합으로 보았다.

③ 수학화란 수학적 수단에 의해 현상을 정리하고 조직하는 활동
   이며, 현실 상황이든 수학적 상황이든 현상 가운데에서 그 정리
   수단인 본질(실재를 손질하여 조직해낸 것)을 찾는 활동, 즉 현
   상에 질서를 부여하는 활동을 말한다. 이렇게 조직된 본질은 현

상이 되어 새로운 본질로 조직되게 된다. 예컨대 수는 양이란 현상을 조직하는 본질이지만, 수라는 현상은 다시 십진 기수법에 의해 조직된다. 또 삼각형, 정사각형, 평행사변형, 마름모와 같은 도형은 형이란 현상의 세계를 조직하는 본질이지만, 도형이라는 현상은 명제나 그 증명에 의해 조직된다. 이와 같이 하여 수학의 가장 높은 수준에까지 추상화가 거듭되면서 수학적인 현상이 새로운 수학적 개념으로 조직되어 간다.

④ 수학화의 분류

　　가. 수평적 수학화: 관찰, 실험, 귀납, 유추 등의 경험적 접근방법을 통하여 현실을 수학적 수단으로 조직하는 것으로, 도식화 활동, 시각화 활동, 관계를 발견하는 활동, 규칙성을 발견하는 활동, 실세계문제를 수학적 문제로 변형하는 활동 등 구체물을 세어 2+7=7+2임을 인식하는 것이다

　　나. 수직적 수학화: 수평적 수학화 이후에 따라오는 수학적 과정으로 수학적 경험이 축적되어 이루어진 수학 자체의 수학화를 말하며, 문제를 풀고 일반화하고 형식화하는 것과 관련된 과정으로서 수준상승 과정과 관련이 있다. 관계를 공식으로 표현하는 활동, 규칙성을 증명하는 활동, 모델 자체를 다듬고 변형하는 활동, 모델을 결합하고 통합하는 활동, 새로운 수학적 개념을 명확히 표현하는 활동, 일반화하는 활동 등이 여기에 속한다. 이를테면, 덧셈의 성질이 일반화되어 법칙으로 인식하는 것이다.

⑤ 푸르덴탈(Freudenthal)의 '안내된 재발명 방법(method of guided reinvention)'은 이전에 존재하지 않았던 새로운 어떤 개념을 발명해내게 하는 지도 방법을 의미하는 것이 아니라, 이전에 이미 발명된 개념을 그 개념이 발명되어 온 과정에 따라 다시 한 번 발명해내게 하는 학습지도 방법이다. 즉, 수학적 개념, 아이디어가 역사적으로 발달해온 과정을 단축된 형태의 가상적인 과정으로 재구성하여, 그것을 학생들이 재현할 수 있도록 이끄는 방법이다. 재발명 방법에 의한 지도에 앞서 가상적인 학생을 상대로 가르치고 학생의 반응을 상상하며 대응 방안을 준비하는 것이다. 따라서 수학적 사고는 수학화, 곧 수학적 활동이 일어나는 실제적 과정을 재현하여 경험시킴으로써 배울 수 있다.

⑥ A. Treffers(1987)의 재발명 방법의 원리

　가. 구체적인 현상의 탐구 원리: 구체적인 문맥에서 여러 개념과 구조가 드러나는 현실 상황들을 탐구한다. 이 탐구의 목적은 여러 개념과 구조의 본질적인 측면이 미리 형성되는 풍부한 직관적인 관념들을 모으는 데 있다(경기도초등영재교육연구회, 2008).

　나. 수직적 도구에 의한 수준 상승의 원리: 처음 수준에서의 직관적, 구체적, 비형식적 문맥에 결합된 조작과 반성적, 추상적, 형식 체계적 조작 사이의 수준 차를 연결하는 데 도움이 되도록 처음부터 여러 자료, 화살표와 같은 시각적 모델, 상황 모델, 다이어그램, 기호 등의 수학적 도구들이 제공되고,

탐구되며, 개발되어야 한다.

다. 상호작용 교수 원리: 학생들 자신의 창작 활동뿐만 아니라 현상학적 탐구와 모델링은 그것들이 상호작용 수업, 즉 서로 상의하고, 참여하고, 타협하고, 협동하고 그리고 개관할 기회가 주어지며 교사는 설명 위주가 아니라 조력자로서의 역할을 담당할 때, 효율적으로 이루어질 수 있다.

라. 학생의 창작 활동을 통한 반성적 사고의 촉진 원리: 수준 상승은 반성적 사고에 의해 촉진되며, 갈등이나 학생들 자신의 창작 활동은 반성적 사고가 일어나도록 하는 데 도움이 된다. 열린 문제, 불완전한 문제의 해결, 자신의 문제를 고안하기, 기호나 언어적 도구, 모델 등을 고안하기 등의 활동이 포함된다.

마. 학습 가닥의 혼합을 통한 구조화의 원리: 장기 학습의 의미로 볼 때, 과거의 학습과 미래의 학습은 서로 통합되어야 한다. 예견 학습과 회고 학습의 연장선상에서 학습 가닥의 혼합을 생각해볼 수 있는데, 이것은 관련된 학습 과정을 전체로서 보는 관점이다. 학습은 가능한 일찍부터 지속적으로 강하게 서로 얽혀 있는 여러 가닥으로 조직되어야 한다. 예컨대 비와 분수는 처음부터 함께 출발할 수 있다.

⑦ 수학화 학습-지도의 예

가. Freudenthal이 수학화를 통한 기하 학습-지도의 전형으로서 강조하고 있는 것이 Van Hieles의 학습수준 이론이다.

나. 알고리즘화를 통한 기수법과 덧셈 지도방법-알고리즘은 시간이 걸리고 혼란을 야기하는 통찰의 개재를 피하면서 장시간에 걸쳐 자동적인 수행이 가능하게 하는 것이고, 알고리즘화는 알고리즘을 마스터시키기 위한 것이며, 이는 오류를 확인하고 수정하며 잊어버린 알고리즘을 복구하는 능력을 포함한다.

(3) 귀납적 원리

① 추론: 논증 추론(연역 추론-증명), 개연 추론(귀납 추론, 유추)

② 귀납 혹은 귀납적 추리란 개별적이고 구체적인 사실들을 관찰하고 실험하여 그것들을 묶어 설명하는 보편적 법칙 또는 원리를 발견하고 확립하는 사고과정이다. 다시 말하면 귀납은 관찰된 사실 뒤에 숨겨져 있는 규칙성이나 일관성 또는 유사성을 찾아내어 일반적 원리를 이끌어내는 것이다.

③ 폴리아(Polya, 1986)는 귀납적 추리 과정에서 사용되는 가장 중요한 도구로 일반화, 특수화, 유추를 들고 있다(김연중, 2008).

④ 수학교육의 관점에서 귀납적 원리란, 몇 개의 예로부터 일반적인 것으로 보이는 추측을 하는 그러한 과정을 수학교수법에 이용하는 것이다. 다음은 일반적인 패턴, 성질을 찾아내는 귀납적 추론 방법의 절차이다.

　　가. 사례 수집: 몇몇의 사례를 모은다.
　　나. 공통점 발견: 사례들 사이의 공통인 패턴이나 성질을 찾아낸다.
　　다. 일반화: 그 패턴이나 성질이 그 사례를 포함하는 집합(변수의 변역 전체)에서 성립될 것이라고 추측한다.
　　라. 검증: 추측한 그 일반성이 참임을 보다 확실히 하기 위해 새로운 사례를 모은다.

⑤ 귀납적 추론의 목표: 수학 내용의 학습, 추론 기술의 연마, 추론 능력에 대한 자신감의 계발이다.

⑥ 피아제에 의하면 연역적 사고의 가능 시기는 11~12세 정도이므로 초등학교 시기에는 발견적 방법과 관련된 귀납적 추론 활동이 중요하며, Scamp, Gagné, Deans 등도 같은 주장을 하고 있다.

8. 수학 개념원리 교육 과정

(1) 6학년 수학 개념원리 지도를 위한 교육 과정

6학년 수학 개념원리 지도를 위한 교육 과정은 약속한 수학 용어에 알맞은 수학 기호를 선택하기, 알맞은 식 쓰기, 알맞은 그림 그리기, 알맞은 문장 만들기, 알맞은 아름다운 문장 만들기 등으로 이루어져 있다.

<표 3> 수학 개념원리 지도

영역	주제	개념원리 지도내용
수	자연수	• 자연수가 왜 자연스런 수인지 알기 • 자연수가 0부터 시작하지 않고 1부터 시작하는 이유 알기
	분수	• 진분수, 가분수, 대분수의 의미를 알기 • 고대 이집트인들이 분수를 만든 이유 알기
	소수	• 네덜란드 수학자 스테빈이 소수를 만든 이유 알기 • 십진분수를 이용하여 소수를 만든 원리 알기
연산	자연수	• 덧셈과 뺄셈 그리고 나눗셈의 두 가지 의미 알기 • 곱셈의 네 가지 의미를 통해 문장제 이해하기 • 혼합계산에서 덧셈과 뺄셈보다 곱셈과 나눗셈을 먼저 하는 이유 알기
	분수	• 분수의 덧셈과 뺄셈에서 분모를 같게 해주는 이유 알기 • 분수의 곱셈에서 분모는 분모끼리, 분자는 분자끼리 곱하는 이유 알기 • 분수의 나눗셈에서 나누는 분수를 역수로 고쳐서 곱하는 이유 알기
	소수	• 소수의 곱셈에서(소수 첫째 자리)×(소수 첫째 자리)의 결과가 소수 둘째 자리가 되는 이유 알기 • 소수의 나눗셈에서 나머지의 의미 알기
측정	시각과 시간	• 시간이 만들어진 역사적 배경 알기 • 시각과 시간의 차이 알기 • 시각의 단위와 시간의 단위 차이 알기
	길이·들이·무게	• 길이라는 단위가 생긴 이유 알기 • 들이라는 단위가 생긴 이유 알기 • 분리량과 연속량의 차이 알기
	둘레와 넓이	• 2차원과 3차원의 개념 알기 • 직사각형의 넓이를 (가로)×(세로)로 구하는 이유 알기 • 원의 넓이를 구하는 여러 가지 방법 알기
측정	겉넓이와 부피	• 2차원과 3차원의 개념 알기 • 직육면체의 넓이를 (가로)×(세로)×(높이)로 구하는 이유 알기
	어림하기	• 반올림에서 5가 올림으로 붙는 이유 알기 • 근삿값과 어림수의 의미 알기
확률과 통계	표와 그래프	• 주어진 자료를 표로 만드는 이유 알기 • 만들어진 표를 그래프로 그리는 이유 알기 • 각 그래프의 장단점 파악하기

확률과 통계	경우의 수와 확률	• 경우의 수가 되는 조건 알기 • 경험적 확률과 수학적 확률의 차이 알기
	비와 비율	• 분수와 비의 차이 알기 • 비율의 종류에는 어떤 것이 있는지 알기 • 비례식이 잘못 쓰이는 경우 알기
도형	다각형	• 점, 선, 면의 의의 알기 • 각과 각도의 의미를 알고 예각, 직각, 둔각의 의미 알기 • 다각형에서 변의 의미 알기
	원	• 원의 반지름과 지름의 의미 알기 • 원의 둘레와 넓이를 구하는 방법 알기 • 원주율의 의미 알기
	각기둥과 각뿔	• 밑면의 의미 알기 • 다면체에서 모서리의 의미 알기 • 전개도의 모양 파악하기
	원기둥과 원뿔	• 원기둥과 원뿔에서 모선의 의미 알기 • 회전체에서 단면의 모양 알기 • 전개도의 모양 파악하기
규칙성과 문제해결	방정식	• 방정식의 아이디어 무엇인지 알기 • 이집트의 방정식에 대해 알기 • 식과 등식, 그리고 방정식의 차이 알기 • 문자의 위대함 인식하기
	정비례와 반비례	• 사다리타기 게임이 일대일 대응이 되는 이유 알기 • 자동판매기의 함수적 원리 알기 • 함 속에 들어 있는 수의 의미 알기
	문제해결	• 단순화의 원리 이해하기 • 그림이나 표 만들기의 장점 이해하기 • 규칙 찾기, 예상과 확인의 원리 이해하기

출처: 교육과학기술부(2009).

제 5 장

수학능력 향상을
위한 성취요인

1. 수학에 영향을 주는 성취요인

수학 학업성취에 영향을 주는 요인에서 먼저 학업의 개념과 필요성이 무엇인지 알아야 한다. 학업이란 공부·학문을 닦는 일이고, 성취란 목적한 바를 이룬다는 뜻으로 학업성취란 학문에서 원하는 목적을 이루는 일이라고 할 수 있다. 그리고 학업성취의 필요성에서는 학업을 성취하는 행동이 상급학교의 진학에 영향을 주고, 교육기회의 분배와 직결되는 요인이며 장차 사회적 지위를 획득하는 데도 결정적인 영향을 끼치기 때문에 교육을 가장 많이 하는 시기인 초등학교 6학년 학업성취는 매우 큰 과업 중 하나다. 즉, 초등학생의 학업성취는 한 개인의 지위나 사회적 성취 등을 획득함에 있어서 중요한 요인이라고 할 수 있다(이오녕, 2009).

(1) 성취동기와 학업성취

성취동기가 낮은 학생은 성취동기 훈련을 통하여 성취동기 및 학업성취를 이룰 수 있다. 또한 청소년기에는 다른 발달시기와는 다르게 소속감의 결여와 특별활동의 참여가 성취동기에 크게 영향을 미치는 것으로 나타났다.

(2) 지능과 학업성취

지능이 교육의 결과이며 학교교육을 제대로 받을 수 있게 하는 학습능력은 지능에 의해 크게 영향을 받으며, 이것이 학교교육을 받는 재능이 된다는 사실은 학자들의 연구를 통하여 알려져 왔다. 특히 지능은 생득적으로 항상성을 갖는다는 생각에서 학업성취에 영향을 미치는 중요한 변인이 된다. 학자들마다 지능이 학업성취에 영향을 주는 비율에는 차이를 보이고 있으나 지능이 학업성취에 큰 영향을 미치는 변인 중에 하나라는 사실은 결코 간과할 수 없는 것이다.

(3) 가정환경과 학업성취

가정환경의 변인이 학생들의 학업성취에 미치는 중요한 변인이라는 것은 인간형성이 무엇보다 가정환경의 영향을 받기 때문이며, 특히 부모의 태도와 가치관이 학업성취와 성격형성 등에 영향을 미치는 결정적인 요인이 된다. 위에서 언급한 가정환경의 구성 중 지위환경, 구조환경, 가정환경이 충분하고 올바르게 갖추어져 있는 가정에서의 학생이 학업성취가 높은 것으로 나타났다.

(4) 학업성취에 영향을 주는 변인

① 학습 환경 변인

학교 및 학급의 사회 심리적, 교육적 분위기 그리고 학생의 학교, 학급에 대한 태도 및 지각을 말한다.

② 교사변인

교사와 학생 사이에 상호작용, 학생에 대한 교사의 기대, 교사행동에 대한 학생의 지각, 교사의 긍정적 암시 등을 말한다. 교사가 학생을 위하여 학습조력자로서의 역할, 인생 안내자로서의 역할, 모형으로서의 역할을 충실히 해내고, 올바른 교사의 자질을 가지고 학생을 대하는 태도가 학생의 학업성취의 변인이 된다.

③ 자아개념 변인

개인이 자신에 대하여 가지는 지각, 관념, 태도 등을 말하며, 학생이 얼마나 학문적, 비학문적 자아를 가지고 있는가와 더불어 얼마나 긍정적, 부정적 자아를 가지고 있는가를 다룬다. 즉, 자아정체감이 학업성취에 관련이 된다는 사실을 무시할 수 없다.

④ 불안 변인

불안은 외부의 감당하기 힘든 자극으로 인한 내적 충동, 즉 외생적 상황에 이르면 자신의 무력감에 대하여 인식할 때 생겨나는 반응이다. 많은 불안 변인이 있지만 청년기의 대표적 불안으로는 시험불안이 있다. 시험불안이란 학교교육에서 학생들에게 요구되는 불안을 말하며 학생은 공부를 열심히 했음에도 시험 당일에 못 쓰는 경우가 발생한다. 이러한 시험과 관련해서 발생하는 불안을 시험불안이라고 한다. 그러나 청소년 특성상 시험을 보는 기회가 많으므로 시험불안이 많이 발생하는데 적당한 불안은 학업성취에 긍정적인 영향을 준다.

⑤ 학습습관 변인

학습습관이란 학습활동을 반복함으로써 그것이 차차 고정되어 의식 없이도 언제나 같은 형태로 반응하게 되는 학습태도를 의미하며, 개인이 학습에 대하여 얼마나 기술적인지, 적응을 잘하는지, 목표 지향적인지, 학업에 수용적인지, 과제 지향적인지, 학습에 관심도가 높은지, 자율학습태도는 어떠한지 등이 학업성취에 영향을 준다.

초등학교 6학년 시기에는 사회·심리적 발달이 빠른 시기이다. 사회·심리적 발달이라면 지적발달, 정서의 발달, 사회성의 발달, 도덕성의 발달, 자아의식의 발달, 직업의식의 발달, 성 역할의 발달 등 매우 다양하다. 하지만 가장 중요한 과업으로 생각하는 것이 바로 학업, 즉 지적·정서적 발달이다. 초등학생 시기에 많은 학업적 발달이 있고, 학업이 개인의 일생을 좌우할 수도 있다. 그러므로 학업성취에 영향을 주는 변인을 아는 것 또한 매우 중요하다. 수학 성취에 영향을 주는 변인들은 매우 유동적이며 복합적인 것을 알 수 있다. 그러나 개개인의 자질과 소질, 즉 재능을 계발해주고, 자신의 재능에 대하여 더욱더 깊은 공부를 하는 일 또한 중요하다(국제영재교육연구회, 2008).

2. 성취요인 설문 작성

수학능력 향상을 위한 지적·정의적 요인 분석을 위하여 연구자가 속해 있는 국제문화대학원대학교 영재사회교육 전공 박사과정과 국제영재교육연구회(한국교총)의 공동으로 연구한 자료를 활용하였으며, 학부모와 교사가 바라는 수학교육의 능력 향상을 위한 여건의 우선순위에 따라 작성된 설문자료는 다음과 같다.

〈표 4〉 수학능력 향상을 위한 성취요인

순위	성취요인	학부모(%)	교사(%)	평균(%)
1	흥미로운 수학 교수학습 제공	61	83	72.0
2	수량개념과 정확한 계산력 반영	46	63	54.5
3	다양한 공간에 대한 지각과 표현력	29	76	52.5
4	수학과 관련된 놀이 선호	43	57	50.0
5	수학에 대한 호기심과 규칙 발견	32	67	49.5
6	학습에 대한 유연성과 동기 유발	17	80	48.5
7	어려운 문제에 대한 의문과 지속 질문	35	57	46.0
8	논리적이고 수학적인 사고와 표현	42	47	44.5
9	추상적 관계를 인식하고 표현	11	75	43.0
10	어려운 문제를 해결하는 의욕	15	61	38.0
11	수학에 대한 집착과 몰입으로 해결	33	31	32.0
12	난제에 대한 극복 의지와 해결	26	34	30.0
13	쉽게 포기 않는 끈기와 인내	13	42	27.5
14	문제해결에 대한 자신감	21	20	20.5
15	도형과 조감도 등 세밀한 표현력	19	21	20.0
16	수학에 대한 사고력과 습관 적응	23	16	19.5
17	다양한 수학문제 변환 응용	17	14	15.5
18	팀에게 부여된 문제를 최우선 해결	4	23	13.5
19	높은 라이벌의식으로 환경 통제	5	15	10.0
20	큰 꿈과 삶에 대한 다양한 목표	9	5	7.0

출처: 국제영재교육연구회(2008).

경기도 고양시교육청 수학영재 학부모 108명과 지도교사 32명을 대상으로 수학을 탁월하게 잘하고 있는 수학영재들의 지적·정서적 특징을 서술식으로 제출케 하여, 국제영재교육연구회(2008) 소속 교육학박사 7명이 토론을 통해 설문(20문항)을 설정하고, 연구대상 320여 명의 학부모와 수학영재 지도교사 146명을 대상으로 실시한 것이며, 최종요인은 학부모와 교사 의견을 평균으로 산출하여 높은 점수로 나열하였다.

위 내용을 분석해보면 학생들의 수학능력이 발전되어 가는 과정으로 나열되었음을 알 수 있다.

3. 수학 우수학생의 특성

크루테츠키(Krutetskii, 1976)는 수학적으로 재능이 있는 학생을 정보수집, 정보처리, 정보파지의 측면에서 다음과 같이 논하였다(정인철, 2007: 186-187).

첫째, 정보수집은 수학적 사실을 형식화하여 인식하고, 문제의 형식과 구조를 파악하는 능력을 들 수 있다. 일반 학생들에게 제시된 수학문제는 문제의 해결에 그 초점을 두고 있고 문제의 해결은 곧 수학적 사고의 종결을 의미한다고 볼 수 있다. 하지만 수학 우수학생들은 주어진 수학적 문제 상황에서 수학의 구조를 인식하고 확장을 위한 준비를 갖춘다는 것이다. 그리하여 이들에게 문제의 해결이 또 하나의 수학적 사고를 불러일으킬 수 있는 수학적 사실을 형식적으로 인식한다는 것이다. 이러한 그들의 능력을 바탕으로 제시된 수학적 상황이 제시하는 바를 재해석하고 재배치하여 다른 형태로 제시할 수 있는 능력을 갖춘다. 다시 말하면 문제의 해결은 곧 다른 문제의 시작을 준비한다고 볼 수 있다.

둘째, 정보처리는 정보수집과 많은 관련성이 있지만 이곳에서는 구체적으로 처리하는 과정에 그 초점을 두고자 한다. 정보처리라 함은 양적, 공간적 관계와 수, 문자, 기호 등의 영역에서 논리적으로 사고하는 능력 및 수학적 기호를 사용하여 사고하는 능력, 수학적 대상, 관계, 연산을 신속하고 광범하게 일반화하는 능력, 수학적 사고과정과 사용된 연산 관계를 단축시키는 능력 및 압축된 구조로 사고하는 능력, 수학적 사고에서의 사고과정의 유연성, 명백하고 간단하며 경제적이고 합리적인 해결방법을 찾는 노력, 사고과정의 전후 방향을 신속하고 자유롭게 재구성하는 능력인 사고과정의 가역성(可逆性)을 의미한다. 수학 우수학생들은 정보처리 과정에서 일반적으로 나타나는 심층적 이해, 유창성, 융통성, 독창성, 정교성, 일반화 및 확장 현상이 수학이라는 내용이 자리를 차지했을 뿐 수학 우수학생들의 공통적인 특징이기도 하다. 여기서 심층적 이해는 핵심적인 개념이 이해되고 탐구되고 발전되는 정도를 의미하고 유창성은 특정한 방식으로의 정해진 방식의 문제해결과 정답이 아닌 다양한 접근 방법을 의미한다. 융통성은 범주의 영역을 벗어난 해답, 방법 또는 질문을 의미하고, 독창성은 유일하고 통찰력이 있는 해답이나 해결방법을 의미한다. 정교성은 차트, 그래프, 그림, 모델, 언어를 통한 사고 표현의 명확성과 경제성을 의미하며 일반화는 보다 상위 범주의 차원에서 발견하고 패턴을 정형화하는 것이며 확장은 사고과정과 풀이과정에 새로이 제시되는 영역으로의 진입을 의미한다.

셋째, 정보파지는 수학적 관계, 유형적 특성, 논증의 골격, 문제풀이 방법, 접근 방법 등에 대한 일반화된 수학적 기억을 의미한다. 일반학생들이 겪는 어려움 중에 하나가 그들이 새로이 습득한 지식들이 서로 고립되어 있는 경우가 많아 서로 강화작용을 일으키지 못하여 결국에는 그 지식이 인지 네트워크에서 충분히 연결되지 않아 소멸되는 것이다. 하지만 우수학생들은 새로이 습득한 지식에 대하여 기존의 지식 네트워크와 그것도 다양한 차원에서 서로 연결 지으며 새로이 습득된 지식에 대하여 기존의 지식을 전체적으로 업그레이드 할 뿐만 아니라 새로운 지식 자체는 네트워크에서 스스로의 자리를 형성하면서 새로운 영역의 처리를 예비하고 준비하게 된다. 이런 과정을 거쳐 새로운 지식의 습득은 기존 지식의 상호 관련성을 자연스럽게 강화하여 사고 탐구 기능을 강화하게 되는 것이며 구체적인 특성은 다음과 같다.

(1) 논리적 사고, 집중력, 추상적 관계 인식능력, 수량개념, 정확한 계산력, 사고력, 응용력 등이 탁월하다.

(2) 수학에 자신감이 있어 문제풀이를 특히 좋아하고, 의사표현이 분명하며, 의문점에 대한 질문을 연속적으로 하는 경우가 많다.

(3) 때때로 현재 학습 진행 상태와 전혀 관계없는 돌출(행동과 언어) 표현을 할 때가 있다.

(4) 침착하고 정확성을 요하는 학습에 성취수준이 높고, 순간적인 수업 집중력이 또래보다 상당히 높다.

(5) 동일한 문제에 대해 한 가지 방식으로만 문제를 푸는 것이 아니라 여러 방법으로 문제를 해결해내는, 즉 다양한 해결책을 생각해내는 특성이 있다.

(6) 불러도 못 알아듣거나, 쉬는 시간까지도 풀던 문제를 해결하고 있는 과제 집착력(문제 집착력)이 있고, 왕성한 독서력과 이해력이 빠르다.

(7) 단순한 놀이보다는 생각하는 놀이(체스, 장기)를 좋아하고, 자기주도적 학습태도, 도안, 디자인 등 세밀한 부분의 표현력이 우수하다.

(8) 상상력이 풍부하며 추상적인 사고를 잘하고, 기본 원리와 개념을 이해하는 능력이 다양하며, 성공 경험에서 비롯되는 자신감과 흥미가 많다.

4. 수학 우수학생의 정의적 요인

블룸(Bloom, 1984)의 분류(Taxonomy)에서 정의적 요인이란 인지과정과 직접 관련되지 않고 학생의 지능발달과 밀접하게 관련된 요인이다(조희영, 1984: 21). 정의적인 요인의 넓은 의미는 지능 요인 이외의 모든 요인을 말하며, 좁은 의미로는 지능과 밀접한 관계가 있어 지능발달에 직접적인 역할을 하는 것을 정의적 요인이라 한다. 이것은 동기, 포부, 이상, 의지, 흥미, 지적 호기심, 정서의 안정성, 독립성,

경쟁심, 자아개념 등이 포함되며, 학습의 유지체계이고, 따라서 정의
적인 요인은 학생들의 성장과 발달에서 중요한 역할을 한다(이영선,
2008).

(1) 블룸(Bloom, 1984)의 정의적 영역

① 감수단계(sensibility)

현대인은 물질적인 면이나 신체적인 면으로는 과거 어느 때보다도
서로 밀접한 관계를 유지하게 되었으나, 정신적인 면과 감성적인 면
에 있어서는 그 어느 때보다도 둔감하게 되었고 이기주의, 배타주의
등 불신의식이 팽배해지고 있다.

정의적 연속성은 영재들이 단지 자극을 감수하고 수동적으로 거기
에 주의를 기울이는 것에서부터 시작된다. 이것이 그 자극에 대한 영
재들의 보다 능동적인 주의를 기울이게 되는 것으로 확대된다.

② 반응단계(response)

반응 단계에서는 반응학습 원리를 적용할 수 있다. S-R(반응-자
극)이론은 선택적 자극과 특정한 통로에의 주행결합이 학습된다고
보았다. 반면 인지이론은 어느 통로가 어떤 목표로 인도하는가 하는
수단·목적 관계의 인지를 학습으로 이해했다. 미로학습이 이루어진
다음에 동인(動因) 조건을 다른 조건으로 바꾼다면, 반응학습일 경우
똑같은 선택 반응을 하지만 장소학습일 경우 다른 통로가 선택된다.
인지이론에서 비롯된 이러한 논쟁은 장소학습 쪽에 유리한 실험결과
가 많았으나 지금은 그 실험상황에 의존하는 것으로 되어 있다. 반응

단계에서는 자극에 따라 반응하고, 이들 자극에 자진해서 반응하며, 그리고 이와 같은 반응에서 만족을 얻게 된다.

③ 가치화단계(value)

어떤 사물·현상·행위 등이 인간에게 의미 있고 바람직한 것임을 나타내는 개념이며, 가치는 현실세계에 대한 인간의 실천과 경험을 통해 형성되는 의식적인 관계가 축적된 결과로서 '역사적' 산물이라 할 수 있다. 이처럼 인간과 대상의 관계를 통해 정착된 가치는 인간의 사고와 태도에 영향을 미치며 동시에 그들의 존재조건·욕구·이해관계 등을 보여주는 개념이 된다. 따라서 가치의 내용은 변화되는 의식구조를 반영하면서 시대적·사회적 여건에 따라 각기 다른 형태로 나타난다.

한편 가치는 도덕·미(美)·경제·정치·문화 등 각각의 관점에 따라 다양한 정의로 규정되어 여러 가지 측면의 사회적 의식과 이해관계를 표현한다. 특히 오랜 역사 동안 가치론을 본질적인 연구 주제로 삼아왔던 경제학에서는 가치의 개념을 크게 사용가치와 교환가치로 구분한다. 사용가치란 어떤 재화를 소비함으로써 얻을 수 있는 주관적 만족 또는 효용을 뜻하며, 교환가치란 그 재화가 다른 재화와 교환될 수 있는 능력, 즉 객관적 상품으로서의 가격을 의미한다. 고전학파 이후로 이 두 가지 의미의 가치 개념에서 출발하는 노동가치설과 효용가치설이 경제학의 양대 흐름을 형성해왔다.

④ 조직화단계(organization)

조직을 이해하기 위해서는 첫째, 조직의 형성과 유지, 둘째, 조직

내의 행위과정과 조직의 구조, 셋째, 조직의 양의성 등의 관점이 중요하다. 이것을 상술해보면 다음과 같다. 첫째, 인간이 조직을 형성하는 기본적인 이유는 조직이 복수의 사람들의 주체성을 결합함에 의해서, 각자가 분산해 있는 경우의 단순 총화 이상의 확대된 주체성을 만들어낸다는 점이다. 이 확대된 주체성에 바탕을 둘 때보다 고도의 욕구 충족이 가능해지기 때문에 사람들은 조직에 참가하는 것이다. 즉, 이것이 반응된 각 가치를 개념화하게 되는 단계를 말한다.

⑤ 인격화단계(personality)

도덕적 행위의 주체로서, 진위·선악을 판단할 수 있는 능력과 자율적 의지 등을 지닌 존재를 말하는 단계이다. 인격은 성격에 지적이며 도덕적인 요소를 추가한 개념이다. 인격에 최고의 가치를 두는 태도를 철학에서는 인격주의라고 하며 인격을 억압하는 정신적·물질적 장애로부터 벗어나려는 운동을 휴머니즘이라 한다. 이들 가치를 체제로 조직하고 결국에는 가치 복합을 하나의 전체, 즉 개인의 인격화로 조직하는 단계에 이른다.

최근 미국 영재교육의 변화 방향은 그동안 정규 학교에서 간과되어온 지적 영재교육에서 다시 관심이 일고 있다. 이에 맞추어 영재 판별과 프로그램에 대해 다양한 연구와 혁신적인 이론이 출현하고 있으며, 다원적인 사회 가치와 여러 하위문화 속에서 이론의 해석을 둘러싼 긴장과 도전이 제기되고 있다.

영재에 대한 확고한 이론적 결론을 내릴 때까지 장래가 유망한 어린이들에게 보다 나은 서비스를 제공하는 과업을 미룰 수는 없다. 영재교육의 필요성과 기회가 매일의 교실 수업에 끊임없이 존재하기 때문이다. 아놀드 게셀(Anold Gesell, 1961)은 "오늘날 어린이의 정신 세계에 대한 지식은 15세기의 세계 지도와 같다. 진리와 오류가 섞여 있고 탐험되지 못한 영역이 무수히 남아 있다. 견고하게 믿을 만한 사실들로 이루어진 많은 섬이 대륙에 조합되지 않은 채 흩어져 있다"고 하였다(이오녕, 2009).

최근 인간의 잠재성에 대한 새로운 이론과 연구가 결합되면서, 영재 판별과 교육의 유연한 접근이 이루어지고 있다. 교사들은 학습자의 다양한 강점, 관심, 학습 유형, 표현 양식을 반영하는 개별화된 수업접근을 계발하고 교육자료를 조화시키고 있다. 특히 미국 영재교육에서는 전통적인 속진·심화 과정보다는 창의성 계발에 역점을 두고 있다. 더 나아가 정보화시대에 학습자를 준비시키기보다는, 개념적 성장, 확장된 예술성, 감정이입·긍정적 사고·용기·변화 주도력과 같은 상호 인지적(co-cognitive) 요소로 초점을 전환해나갈 전망이다. 소위 '부드러운 지능(soft intelligences)', 다시 말해 조직·협력적 지도력, 대인 관계·정의적 능력, 사회·환경적 관심 등을 판별하고 교육할 수 있는 영재교육 프로그램을 개발하는 노력을 기울이고 있다(국제영재교육연구회, 2008).

(2) 정의적 요인의 종류

① 흥미유발(興味誘發, Interest induction)

피아제(Piaget, 1935)는 "흥미는 에너지의 조절자이고 이것이 저축한 에너지를 일으키게 되어 충분히 일을 기쁘게 한다"고 하였으며, 아인슈타인은 "흥미가 최고의 선생님이다, Interesting is the best teacher"라고 하였다. 이와 같이 학습을 할 때는 관련된 자극에만 초점을 맞추고 일정한 기간 동안 주의를 지속시켜야 하는데, 이를 위해서는 영재의 흥미를 자극해야 한다. 집중력이라는 것은 영재가 가지고 있는 흥미, 관심, 호기심과 깊은 관계가 있기 때문이다. 또한 감동이나 성취의 기쁨에 의해서도 눈에 띄게 증가한다. 한번 집중력을 발휘하면 영재는 상상한 것보다 훨씬 더 높은 능력을 나타낸다.

또한 학생은 흥미를 느끼는 일에는 무서울 정도의 주의집중력을 발휘하며 일의 성과도 높다는 여러 가지 실험 결과가 나와 있다. 이런 관점에서 보면 주의집중력은 유치원 시절이나 초등학교 저학년 시절에 길러지는 것이라고 할 수 있다. 학생에게는 미숙한 점이나 여러 가지 문제도 있고 가르쳐야 하는 것도 많으나 학생의 왕성한 성장력과 집중력을 성공적으로 길러 주어 지속시킬 수 있다면 학생은 과외나 가정교사 없이 내버려두어도 솟구쳐 넘치는 샘물처럼 성장할 것이 틀림없다(이오녕, 2009: 58-59).

② 호기심(好奇心, Curiosity)

호기심은 새롭거나 신기한 것에 끌리는 마음으로 탐색활동을 새로운 사물이나 상황에서 나타나는 행동이라고 한다면 호기심은 그런 탐색활동 밑에 깔린 동기적 구인이다(전형미, 2000: 14-17). 기본적으로 특이하거나 친근하지 않은 속성들은 호기심의 동기적 상태를 유출해낸다. 벌리네(Berlyne, 1960)는 호기심을 "주관적인 불확실성을 해결하거나 부분적으로 완화시키려는 데 목적을 두고 탐색행동을 하도록 하는 어떤 경향을 유도해낼 때 나타나는 내적 상태"라고 정의했다.

아동들은 사물을 만지고 바라보고 조작하며 질문하는 등의 호기심을 표명하는 행동에 많은 시간을 보내며 이런 활동을 통해서 사물의 특성에 대한 이해의 폭을 점차 넓혀간다. 이러한 호기심의 일례들은 유아기에서 시작하여 그 후에 계속적으로 발달하는 추론, 문제해결, 사회적 능력과 같은 좀 더 복잡한 행동의 토대를 마련해준다.

호기심에 대하여 고트프라이드(Gottfried, 1985)는 인지적 불일치(cognitive discrepancy)로 설명하고 있으며, 이는 피아제(Piaget)를 중심으로 한 인지이론가들이 지적 갈등이라고 한 것과 맥락을 같이 한다. 아동은 기존에 구성한 지식과 새로운 경험이 나타내는 지식 사이에 갈등이 생길 경우 이를 궁금해 하며, 갈등의 정도가 유아에게 적당한 수준이라면 자발적으로 알아내고자 하는 행동을 보인다는 것이다.

듀이(Dewey, 1897)는 호기심을 아동이 생득적으로 가지고 있는 인지적 욕구로 보았으며, 호기심을 일으킨 대상에 대하여 계속 알아보고자 하는 방향감을 가질 때 흥미로 발전한다고 하였다. 호기심은 탐구에 대한 아주 중요한 태도로서, 호기심이 있는 아동은 사물을 볼 때 새로운 관점에서 볼 수 있고, 오랫동안 진실이라고 믿어져 왔던 사실에 의문을 가지며, 규칙에 있어서 예외적인 것들을 보다 주의 깊게 본다고 하였다. 따라서 교육적인 경험이 아동들에게 유용하려면 호기심을 누르기보다는 아동들의 자연스러운 호기심을 사용해야 한다고 하였다(경기도초등영재교육연구회, 2000: 16).

호기심은 탐구에 대한 중요한 태도로서 과학교육에서는 호기심을 증진시킬 필요가 있다. 실험구성 활동에서는 일상생활에서 부딪히는 문제들에 대하여 그냥 지나치지 않고 의문을 가지게 함으로써 호기심을 증진시켜준다. 또한 실험구성 활동이 행해지고 있는 교실에서는 일반적으로 인정되고 있는 사실이나 사물에 대하여 궁금함을 느끼고

호기심을 느껴 질문하는 것이 장려되기 때문에 아동들의 호기심은 자연스럽게 향상되어간다.

브루너(Bruner, 1975)는 학습의 경향성에는 문화적 요인, 동기유발의 요인, 개인적 요인이 복합적으로 작용한다고 보고, 이는 학습의욕과 문제해결에 영향을 주므로 성공적 학습을 위해 중요한 특성이라고 강조하였다. 그러므로 수업과정에서 학습자로 하여금 학습하고자 하는 의지를 일으키게 하기 위해서 탐구를 위한 호기심을 불러일으키는 것이 중요하며, 이 호기심은 바로 학습을 위한 내적 동기유발의 필수조건이라는 것이다. 따라서 학습은 완성된 형태로서 학생에게 제시되는 것이 아니라 불분명하고 불확실한 상태로 제공되어 학습 자체가 동기를 자극하는 것이어야 한다는 것이다.

인간은 주어진 상황을 자기 나름대로 해석함으로써 자신이 얻을 수 있는 결과를 예상하여 목표를 세우고 그것을 달성하기 위해 노력한다. 따라서 행동 또는 노력의 정도는 예견하는 결과에 대해 어떠한 가치를 부여하느냐에 따라 다르게 된다. 즉, 예상되는 결과가 호기심을 일으키고 자기의 목표를 위해 중요한 것으로 생각되는 것이라면 그것이 대수롭지 않게 여겨질 때보다 더 많은 노력을 하게 될 것이다.

호기심은 사람이 가지고 있는 본질적인 특성으로 생존을 위한 필요성에서뿐만 아니라 정신의 수행이라는 점에서도 이를 실천에 옮기는 동인(drives)이 된다. 코빙턴과 틸(Covington & Teel, 1996)에 따르면 호기심은 그 자체로서 세 가지의 정신적 구현이라는 점을 표현하게 된다. 즉 첫째, 자신이 의문을 갖고 조사해보고자 하는 것에 대한 질문과 입증 그리고 심사숙고, 둘째, 의심스러운 것, 풀기 어려운 난제 그리고 변화무쌍하거나 상황에 따라 다르게 나타나는 사실 등의 보호에 대한 감수성, 셋째, 예상하지 못한 위험이나 표현되지 않은 것을 통한 문제의 발견 등을 얻게 된다. 청소년들은 구어적 표현에 매우 익숙해 있는 세대로 의문사항에 대해 직접적인 질문을 쏟아내는 기질적 특성을 보인다. 그러므로 이러한 기질은 끝없는 탐구의 성향을 보이게 되는 것이다.

③ 과제집착력(課題執着力, Subject tenacity)

과제 집착력이란 문제해결이나 구체적 수행에서 장시간 전적으로 몰입하는 에너지 자체를 말한다. 흔히 인내, 끈기, 근면, 헌신, 자신감, 효능감 등으로 표현된다. 독창적이고 위대한 업적을 남긴 사람들은 문제 인식 능력 이외에 공통적으로 자신이 선택한 분야에 남다른 애정을 가지고 참여했다. "12세 이상의 영재들은 보통 또래 아동들이 매주 TV를 보는 데 소비한 시간을 자신의 특기를 계발하는 데 사용" 한다. 학문적 능력(전통적인 시험 성적으로 측정되는)은 창의·생산적 성취와는 상관관계가 낮은 데 비해, 과제 집착과 같은 비주지적 요인이 중요한 부분을 차지한다(Renzulli, 1978).

과제 집착력은 인내심, 고된 작업의 감수, 헌신적인 수행, 자신감, 문제의 심각성을 식별해내는 감각 등과 같은 정의적 요인으로, 고도로 생산적인 사람의 중요한 특성이다. 골턴(Galton)은 "타고난 능력은 명성에 이르게 하는 한 요인이기는 하지만, 열정 없는 능력이나 능력 없는 열정은 생각할 수 없다"라고 말함으로써 과제 집착력의 중요성을 역설하였다.

렌줄리(Renzulli, 1978)에 의하면 영재이기 위해서 이 세 가지 특성 모두가 뛰어날 필요는 없다. 각 특성이 적어도 상위 15% 이내여야 하고, 그중 한 요인에서는 적어도 상위 2% 이내에 속하는 사람을 영재라고 보았으며, Renzulli(1978)의 영재성 개념은 영재의 판별에 대한 다음과 같은 시사를 준다.

첫째, 전통적 기준에 의한 소수의 영재 판별을 지양하고, 가능성 있는 많은 학생들에게 자신의 능력을 확인할 수 있는 다양하고 폭넓은 기회가 주어져야 할 것을 강조한다.

둘째, 영재성은 학생들이 특정 분야에서 무엇인가를 수행하며 자신의 능력을 발휘할 때 비로소 확인된다. 그러므로 판별은 일회적인 것이 되어서는 안 되고, 계속적인 심화 학습 과정 등을 통하여 학생의 행동과 산출물을 관찰하는 가운데 이루어져야 한다.

셋째, 과제 집착력과 같은 비지적(非知的) 요인을 영재성의 구성 요인 중의 하나로 간주함으로써 지적 요인뿐만 아니라 정서적·비지적 요인이 인간의 창의적 활동에 매우 커다란 영향을 미친다는 것을 상기시켰다. 또한 영재의 판별에 있어서 창의성이 판별의 중요한 내용이 되어야 함을 보여주었다.

인간은 누구나 다양한 영재성을 갖고 태어난다. 학자마다 다른 견해를 보이고 있지만 유전적 요인의 차이는 뇌가 지닌 잠재성에 비해 아주 작은 영향을 미칠 뿐이다.

2000년 노벨 의학상을 수상한 정신과 의사이자 신경생리학자인 에릭 켄달(Eric Kendal)은 그의 저서 『The Principle of Neural Science, 신경 과학의 원리』에서 인간 뇌의 기억량은 무한대이며, 기억의 양을 증가시키고 잘 활용하기 위해서는 개인의 정서적 작용이 중요하다고 역설하였다. 즉, 기억을 저장하고 활용하는 능력은 개인의 동기나 과제집착력에 따라 상당량 증가할 수 있다.

교육의 본질은 가르친다는 것보다 잠재된 능력을 끌어내는 데 있다. 즉, 영재의 뇌가 가진 무한한 가능성을 일깨워주고, 올바른 정보를 선택하고 활용할 수 있는 과제집착력 습관을 길러주는 것이다. 몸과 마음, 의식이 한창 성장하고 있는 학생들이 과제집착력을 친근하면서 소중한 존재로 인식하게 해야 한다.이를 통해 과제집착력의 가치를 믿기 시작할 때 영재들의 미래는 달라질 것이다.

④ 동기유발(動機誘發, Motive induction)
마이어(Mayer, 1905)는 "성공은 바로 당신의 내부에 자리 잡고 있다"는 사실, 즉 비지적 요인 중의 하나인 내적 동기유발의 중요성을 말해주고 있다. 학습도 일종의 행동이므로 동기유발은 학습활동의 핵심이 되는데, 이때 학습에 작용하는 동기는 학습동기 또는 성취동기라고 한다. 동기화의 기능은 학습활동을 활발히 전개하게 하고 학습에 대한 효과적인 행동의 선택과 학습활동을 격려하고 지도한다. 동기유발의 방법으로는 자발적(intrinsic)인 동기화와 인위적(extrinsic) 동기화가 있다. 전자는 내적 동기화라고도 하는데 동인의 가장 효과적인 형태는 학습자가 학습과제를 성취해야 할 의의나 중요성을 인식할 때 가장 잘 형성된다(이오녕, 2009).
교육적 적용은 구안법(具案法)과 헤르바르트 학파의 통각개념이 모두 자발적 동기화를 창출하고 이용하고자 했다. 후자는 외적 동기화로서 학습과제의 성취는 내적인 이유보다 경쟁심, 상과 벌, 그리고 교사의 태도 여하에 달려 있다는 것이다.
모건(Morgan, 1971)은 동기를 유기체 내에서 어떤 목표를 향해 행동을 일으키고 방향을 잡고 유지하는 원동력이라 말하면서, 내면적 동기 상태, 행동을 유발하거나 방향을 결정짓는 심리적 과정, 행동이 목표로 향하게 하는 심리적 과정의 세 가지 면을 포함하며, 목표가 달성하면 행동을 그친다고 밝힌 바 있다.

맥랜드(Mcclland, 1953)는 감정의 변화를 일으키는 근원이 되고, 항상 선택적으로 행동의 표현을 쉽게 하고, 일군의 반응을 일으키는 것이 동기라고 하였으며, 앳킨슨(Atkinson, 1958)은 동기를 활동의 방향, 강도 및 지속에 영향을 미치는 것으로써 한 가지 이상의 효과를 내는 활동 경향성의 촉발을 뜻하는 것으로 보았다.

블룸(Bloom, 1976)은 학습동기를 정의적 투입 특성으로 표현하였으며, 그 특성은 흥미, 태도, 자아관의 복잡한 복합체라고 규정하였다. 그는 학생들이 학습에 대해서 정서적으로 준비되어 있는 상태에는 커다란 개인차가 있으며, 그 수준에 따라 학습결과에 상당한 영향을 미친다고 보고 있다.

이처럼 동기의 개념은 행동의 원동력으로서 매우 복합적인 것이며 이 원동력은 단순히 생물학적 욕구에 한정된 것이 아니라 사회와의 상호작용을 통해서 발달하는 것으로 자아실현의 욕구까지를 포함하는 것으로 볼 수 있다.

그리고 단순히 행동을 일으키는 것뿐만 아니라 그 행동을 일으키는 힘에 활동의 방향까지를 부여하는 것이며, 선택과 결정은 후천적인 학습과 훈련에 의해 영향을 받는다. 그리고 이러한 동기유발의 방법은 학습의 장기적인 효과 면에서 외적인 동기유발은 아무런 효과가 없으므로 내적인 동기유발을 강조하였다.

가네(Gagne, 1974)는 학습의 기초로서 기대감으로 동기 유발된 학습자를 강조하고 있다. 따라서 학습의 촉진을 위해서는 기대감을 부여하는 일이 중요하다. 기대감이란 개인이 어떤 목표를 달성할 수 있도록 주위에서 말과 행동으로 기대감을 부여하는 것이다. 그래서 학습자는 목표 지향적이어야 하고, 또 성취할 수 있는 목표를 향해 도전하는 행동을 하게 될 것이다. 교육환경에서도 학습을 발생하게 하는 다양하고 수많은 목표를 설정함으로써 학습자의 동기를 유발할 수 있게 될 것이다.

그러나 문제는 목표에 대한 성취를 자극한다고 해서 언제나 동기가 유발 되는 것은 아니다. 학습자가 기대감을 갖게 되면 동기는 유발되고 확립되었다고 볼 수 있다. 따라서 학생들의 인지 발달 수준에 적절한 학습과제를 통해서 기대감을 갖도록 하는 것이 학습동기를 일으키는 중요한 요인이 된다(박선화, 1998: 9-11).

제 6 장

수학능력 향상을
위한 교수학습

1. 수학교육의 활성화

　교육의 질은 교사의 질에 의하여 크게 영향을 받는다고 볼 때, 수학지도에 대한 요구에 부응하기 위해서 다양한 교육적 경험과 지식 및 학생의 특성을 고려한 교수법의 뒷받침이 있어야 한다. 수학 우수 학생뿐만 아니라 일반 학생들을 대상으로 한 학습지도에 있어서도 교육의 질적 개선을 위해 공통적으로 가져야 할 교수학습관은 '가르친다'는 고전적인 입장에서 '개념원리를 깨우칠 수 있도록 돕는다'는 입장으로 바뀌어야 한다. 지금까지의 수학 학습은 교사가 수업 목표 및 내용을 모두 결정하고, 그것에 알맞은 교재를 선택하여 자신의 관점에 근거하여 학생들을 가르치기 위해 수업을 설계하고 실행하고 평가해왔다. 그로 인해 요즈음의 학생들은 지식의 양은 많지만 자신이 학습의 주체가 되어 지식을 구성하는 경험 및 지식의 근본이 되는 구체적이고 직접적인 경험은 적은 편이다. 이에 대해 지식이 정말로 진실되고 유용한 것이라는 실감을 갖게 하기 위해, 그리고 학생들의 창의적 사고력을 신장시키기 위해서는 학습자가 자기의 수업에 직접 참여하는 속에서 자기의 위치를 되돌아보며 의지적·의욕적으로 어려움을 극복하고 지속적으로 학습할 수 있는 기회와 환경이 만들어져야 한다. 이러한 관점에서 제기되고 있는 입장이 수학교육에서의 구성주의적 관점이다(국제영재교육연구회, 2008).

2. 수학교육의 구성주의

구성주의의 주된 관심은 지식의 본질은 무엇이며(what is known), 지식은 어떻게 구성되는가(how it is known)에 초점을 두고 있다. 현재의 구성주의자들의 관점에서 개념의 차이는 있을지라도 일반적으로 다음 사항에 동의하고 있다. 킬패트릭(Kilpatrick, 1987)에 의하면 구성주의의 기본 가정은 다음 3가지로 정리할 수 있다(김연중, 2008).

첫째, 지식은 환경으로부터 수동적으로 받아들여지는 것이 아니라 인식 주체에 의해 능동적으로 구성되는 것이며, '알게 된다'는 것은 인식 주체가 자신의 경험 세계를 스스로 조직화해가는 적응과정이며, '알게 된다'는 것은 인식 주체의 정신세계와는 독립적으로 이미 존재하고 있는 세계를 발견하는 것이 아니라고 본다.

둘째, 인간이 경험하는 실세계의 존재성에 대해서는 구성주의자들의 입장은 객관주의자들의 입장과 근본적으로는 동일하다. 다만 구성주의자들은 그 세계는 인식 주체와 독립된 것이 아니라 인식 주체가 부여한 의미에 의해서만 성립한다는 개별성에 그 초점을 두고 있으므로 동질의 어떠한 대상에 대해서도 개인적인 관점에 따라 해석을 달리할 수 있다고 보고 있다. 따라서 그들은 지식의 절대성을 부정하며 지식의 의미를 실용성에 관심을 두고 있다. 그러면 수학 학습에서 절대적 진리를 부정한다면 학습자는 어떻게 해서 수학적 지식의 정당성을 인정받을 수 있으며, 수학적 지식을 터득했다고 볼 수 있을까? 그들은 어떠한 수학적 지식이 권위 있는 수학자에 의해 입증되었을 때, 그것을 잠정적으로 받아들일 뿐이다. 또 수학적 지식이 구성되었다는 판단은 그 지식의 원천이 무엇이든 간에 지식의 구성과정과 환경 속에서 어떻게 쓰이는지를 합리적으로 설명할 수 있고, 이를 남으로부터 동의를 얻어낼 때 일시적으로 지식이 구성되었다고 가정할 뿐이다.

셋째, 급진적 구성주의자 글라세스펠드(Glasersfeld, 1987)는 이 점에 관해 수학적 '지식의 생존성'이라는 기준을 제시하고 있다. '지식의 생존성'이란 학습자가 스스로의 경험을 조직해가는 과정에 있어서 모순이 일어나지 않고 내적 일관성과 별도의 경험과의 정합성(整合性)이 유지되어 새로운 학습 장면에 있어서도 훌륭한 기능을 할 수 있는 지식이다. 지식의 생존 가능성을 결정짓는 것으로서는 영역 내 정합성, 영역 간 정합성, 일반화 가능성, 파급적 유의성을 생각할 수 있으나, 지식의 공공성을 기초로 하여 생각해 보면, 학습자가 획득한 수학적 지식을 얼마나 많은 사람들이 이해하고 납득하는가에 달려 있다. 이렇게 볼 때 수학적 지식은 상대적인 것이므로 한 사람이라도 더 많은 사람들이 이해하고 납득할 수 있는 지식을 획득하는 것이 그만큼 생존 가능성을 높이는 것이다. 그러기 위해서는 자신이 획득한 지식을 보다 많은 사람들에게 설명함으로써 생존 가능성을 높여 가는 것이 중요한 방법의 하나이다. 특히 수학영재지도의 궁극적인 목적 중의 하나는 학생들의 창의적인 사고를 통하여 문제를 창의적으로 해결하는 능력을 기르는 데 있다.

3. 수학의 교육 과정 변천과 PISA[1] 비교

사회의 변화에 따라 여러 차례 걸쳐 수학과 교육 과정을 개정 — 교수요목 시대(1946~1955), 제1차 교육 과정 시대(1955~1963, 생활단원 학습기), 제2차 교육 과정 시대(1963~1973, 새 수학 전환기), 제4차 교육 과정 시대(1981~1988, 새 수학 운동의 반성 및 기초 기능 강조기), 제5차 교육 과정 시대(1989~1994, 기초 기능과 문제해결 강조기), 제6차 교육 과정 시대(1994~1997, 기초 기능과 문제해결 강조기), 제7차 교육 과정 시대(1997~2007, 수학적 힘의 계발 강조기), 제7-1차 교육 과정 시대(2007~현재, 수학적 사고 강조기) — 을 해왔다.

개정의 이유 중 가장 큰 이유는 수학 본연의 특성과 가치를 인식시키고 학생들의 수준에 맞는 교육 과정을 만든다는 것이었다. 그럼에도 불구하고 수학이라는 교과는 많은 학생들에게 친숙하게 다가오지 못했던 것 또한 사실이다. 즉, 학생들이 수학 성적에는 관심이 있어 다른 나라의 경우보다는 학업 성취 면에서는 상위권에 있으나, 수학에 대한 관심이나 흥미, 자신감 등의 태도 면에서는 국제평균보다 오히려 크게 뒤지고 있다는 연구들이 보고되고 있다(전평국, 2008).

PISA 2006년 결과 분석 연구(이미경 외, 2007)에 의하면, 만 15세 학생의 순위를 OECD 국가 30개국 중에서 수학은 1~2위, 전체 57개 중에서도 1~4위로 나타났다. 성취도 추이를 비교해보면, 2003년에 비해 다소 상승하였으나, 통계적으로 유의한 차이는 아니다.

---

1) 국제학생평가프로그램(Programme for International Student Assessment)은 OECD의 과제의 하나로 15세의 학생들의 기술과 지식의 정책 지향적 국제 지표를 제공하도록 설립되었다. 평가 영역은 읽기, 수학, 과학 세 분야이다.

PISA PLUS는 PISA 2000 실시 이후 동 평가에 참여하기를 원하는 비 OECD 회원국을 대상으로 2001년에 PISA 2000과 같은 평가도구로 평가를 실시하여 PISA 2000 평가 결과와 합한 총 41개국의 평가 결과를 분석한 것이다.

〈표 5〉 PISA 2006년 결과 분석표

PISA 평가 (비교국 수)	PISA의 소양 수준		PISA의 최상위 5%		PISA 2006 영역별 비율	
	수학영역		수학영역		수학영역	
	순위	평균	순위	평균	수준6 학생 비율 순위	점수
PISA 2006 (57개국)	1~4	547	2	694	2	9.1%
PISA 2003 (40개국)	3	542	3	690	4	8.1%
PISA PLUS (41개국)	3	547	6	676	해당 없음	
PISA 2000 (31개국)	2	547	5	676		

출처: 이미경 외(2007: 62-63).

　　이전의 PISA 결과와 비교하여 수학영역에서는 최상위 학생의 성적이 향상되었고, 각 소양 영역별 최상위 수준에 속한 학생의 '수준6' 비율은 9.1%로 2위를 나타냈다.

　　한편 소양 수준에 있어서 수학영역의 남녀 학생 간의 차이는 국제적으로 남학생의 성취도가 높은 경향이 있으며, 한국도 남학생 평균이 552점, 여학생 평균이 543점으로 남학생이 더 높은 성취도를 나타냈으나, 이 차이는 통계적으로 유의하지는 않다. 한국학생들의 전반적인 성취수준은 국제 수준과 비교할 때 우수한 것으로 나타났다. 특히 수학 성취도는 지속적으로 세계 최고의 수준에 있을 뿐만 아니라,

최상의 수준에 속하는 비율과 최상위 수준 학생의 성취도도 상승하고 있는 것으로 나타난 것으로 보아 지속적인 노력이 필요함을 알 수 있으며, 성취도와 사회 경제적 배경과의 관련성은 그리 높지 않은 것으로 나타났다.

따라서 모든 학생들의 성취 수준을 향상시키기 위한 보편적인 정책 개발에 무게를 두는 것이 교육의 질과 형평성을 증진시키기 위한 하나의 대안이 될 수 있는 것으로 판단할 수 있으며, 학생들의 창의력 신장을 위해 다음과 같은 교수학습 원리를 적용해나가야 할 것이다.

4. 수학과의 창의적 문제해결

(1) 창의력 신장을 위한 교수학습 원리

창의력 신장에 관한 교수학습 원리로서 여러 심리학자들의 연구를 종합하여 제안하면 다음과 같다(경기도초등영재교육연구회, 2008: 7-12).

① 통합성의 원리
창의적 사고를 적극적으로 하기 위해서는 기존 지식이나 경험 및 사고방식을 기저로 하여 여러 가지 사물이나 상황을 서로 통합시켜보고, 관련지어 연결시켜보고, 구성해보고 모든 것을 종합해봄으로써 새로운 것을 산출해낼 수 있다는 원리이다.

② 다양성의 원리

학습자 개개인은 획득된 지식과 경험 및 사고 패턴이 다양하다고 볼 때, 그들이 새로운 장면의 문제 상황에 대한 지각이나 그 해결 방법의 선택도 달라질 것이다. 따라서 문제해결을 위한 다양한 접근방법이나 시도는 또 다른 새로운 것을 창출하는 능력을 증진시킬 수 있다. 예컨대 문제해결에서 한 가지 방법만이 아닌 여러 가지 방법으로 해결해보는 경험을 통해 문제의 해결에 이르는 길은 유일하지 않다는 사실을 깨닫게 하는 것은 확산적·창의적 사고력 신장에 도움을 줄 것이다.

③ 독창성의 원리

창의적 사고의 질적 수준이 가장 높은 것이 독창적인 사고인 것이다. 이러한 사고를 활발하게 하기 위해서 여러 가지 자료와 생각을 자기 나름대로 독창적으로 재구성하게 하거나 기존의 생각이나 경험으로부터 탈피하여 새로운 경험을 하게 함으로써 독창성을 키우는 것이다. 이를 위해서는 이전의 경험이나 아이디어 몇 개를 조합하게 함으로써 새로운 차원의 아이디어를 산출할 수 있을 것이다.

④ 판단 유보의 원리

이 원리는 브레인스토밍 기법과 연관된 원리로서 자기뿐만 아니라 다른 사람의 산출된 아이디어에 대해 너무 성급하게 판단, 평가하거나 지나치게 비판하게 되면 생각의 흐름이 원활하지 못할 뿐만 아니라 사고 활동을 위축시킬 수 있다. 따라서 성급한 판단과 타인의 평가적 간섭을 유보한 채 보다 자유롭게 사고할 수 있게 한다. 즉, 모든 가능성이 있는 대답이나 접근방법을 허용함으로써 많은 가능성의 해결책을 모색하고, 아이디어의 양과 깊이를 더할 수 있다는 원리이다.

⑤ 개방성의 원리

수학의 창의성 신장을 위한 환경은 학생들의 심리적 안정과 해방이 필수적인 요건이다. 즉, 동료 사이에 있어서나 교사와 학생 사이에 있어서도 서로가 대등한 인격체로 자유로이 서로의 의견을 주고받을 수 있는 환경과 기회가 조성되어야 하며, 이러한 환경 속에서 학생들은 수학적 아이디어와 관계에 대한 그들의 생각을 반성하고 명료화할 수 있어야 한다. 사고 활동은 개인에게서 비롯되지만 활발한 의사소통은 사고하는 방법을 배우게 하며, 서로의 독특한 아이디어를 공유할 수 있고, 자신의 아이디어를 검증해볼 수 있으며, 다른 사람의 생각을 읽을 수 있음으로써 창의적인 아이디어를 구상하게 해줄 것이다.

⑥ 자율성의 원리

학습에서의 가장 기본적인 원리 중의 하나는 자율성과 능동성이다. 타인의 생각이나 획일적인 기준에 얽매임이 없이 자기 스스로의 자발적인 행동과 의사표현을 자극함으로써 창의적 사고를 증진시키는 원리이다. 학습자들로 하여금 항상 스스로 생각하고 제작하고 그리고 발견하고 궁리하고 탐구하여 해결책을 스스로 찾아보게 함으로써 자기 자신의 독자적인 착상이 떠오르고 자기 결정에 의한 달성은 자기실현을 느끼게 하여 학습자의 동기가 한층 높아질 것이다.

(2) 창의력 신장을 위한 교수방법

수학영재를 위한 수업에서 생각해볼 수 있는 수업의 형태에 대해서는 여러 가지 유형이 있으나 이 연구에서는 강의식 수업, 토론식 수업, 실습수업, 세미나식 수업으로 나누어 생각해볼 수 있다.

① 강의식 수업

교사가 학습 문제를 제시하고 그와 관련된 수학적 방법에 대한 고찰이 이루어진 후 과제를 해결해가는 수업의 형태이다. 영재아들은 학습 속도가 빠르고 학습의 양도 많다. 따라서 그들에게 짧은 시간에 많은 지식을 습득하게 하려고 한다면 강의식 수업이 나쁜 것만은 아니다.

② 토론식 수업

교사와 학생이 문제해결의 동반자로서 의사소통을 통해 어떠한 형태나 내용의 정리를 증명해가는 수업의 형태. 토의 방법에는 전체 학급 또는 소집단 토의, 소집단 프로젝트 학습, 동료 가르치기 등을 들수 있다. 이런 교수방법에서 교사는 전통적인 지식 전달자가 아닌 학생들의 학습을 돕는 조력자, 안내자, 조장자로서의 역할을 하게 된다.

③ 실습수업

학습자가 스스로 어떠한 조작 활동이나 기능에 대한 숙련 및 스스로의 탐구 활동을 통해 새로운 원리와 법칙(기성의 수학적 지식일지라도 학생 스스로의 힘에 의해 이해하는 것은 학생의 입장에서는 재발명·재발견임)을 깨닫거나 주어진 문제를 해결해가는 수업의 형태이다.

④ 세미나 수업

학습자들이 자신이 수행한 문제에 대한 토론이나 커다란 수학문제를 부분 부분으로 나누어 풀고 나서 그 부분들의 풀이에 대해 토론을 하는 수업의 형태이다.

이러한 수업은 수업 중의 어느 한 장면이 아닌 학습주제 및 그동안의 학습 성과에 대하여 이루어지는데 이러한 수업을 위해서는 적절한 학습 자료 개발이 뒷받침되어야 한다.

⑤ 창의적 문제해결 방법

창의성의 원동력으로서 Sternberg와 Lubart(1991)는 창의성의 요소로서 문제발견, 문제재정의, 문제해결과 관련된 전략, 효과적으로 평가할 수 있는 능력 등과 같은 지적 능력, 영역에 관한 전문적 지식의 유무와 같은 지식 요소, 문제에 대한 지식의 적용과 관련된 사고유형 요소, 모호함에 대한 관용, 인내심, 열린 마음, 위험에 대한 도전감, 확신과 믿음 등의 성격 요소, 창의성을 위하여 요소를 사용하도록 하는 동기, 새로운 사상이 형성되고 계발될 수 있는 물리적·사회적 조건과 관련된 환경 요소들이 복합적으로 작용한다고 보았다.

이런 관점으로 볼 때 창의성의 발현은 매우 희귀한 것이 될 수 있다는 것을 시사한다. 창의성을 발현하기 위한 이러한 조건 중에서 비인지적 요소는 수학적 창의성에도 여전히 작용된다(유윤재, 2007: 11).

한국에서 수학영재들을 위해 개발된 모형에는 <그림 5>와 같은 수학 창의적 문제해결 과정 모형이 있다(국제영재교육연구회, 2008).

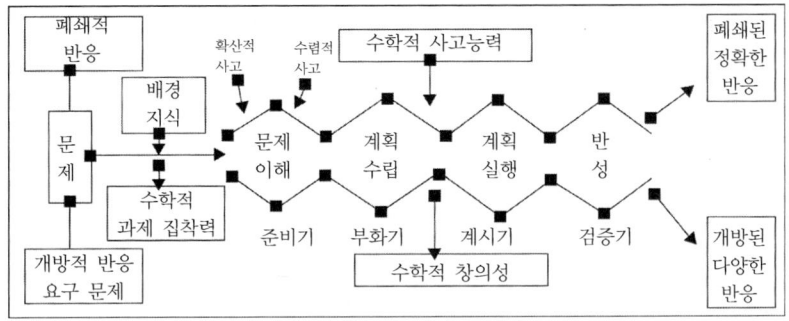

출처: 국제영재교육연구회(1996).

〈그림 5〉 수학과의 창의적 문제해결 과정 모형

수학과의 창의적 문제해결 과정은 문제이해 – 계획수립 – 계획실행 – 반성의 4단계의 상호작용적 순환 과정으로, 이러한 과정 안에서 '수학적 사고 능력', '수학적 창의성', '수학문제에 대한 과제 집착력', '배경 지식'이 작용하여 수학의 창의적 문제해결력이 형성된다. 수학의 창의적 문제해결력은 학생이 기존에 알고 있지 않은 새로운 방법을 고안·적용해서 풀 것을 요구하거나 서로 다른 내용 영역의 원리들을 새롭게 관련시켜 해결할 것을 요구하는 폐쇄된 정확한 반응의 형태로 나타나거나, 확산적 사고활동의 결과에 의한 다양한 반응의 형태로 나타난다.

영재들에게 다양한 유형의 문제를 풀어보는 경험, 다양한 유형의 전략을 사용해보는 경험을 하게 하는 것은 그들 주변에서 수학의 유용성과 그 기능을 경험하는 과정으로, 문제 상황으로부터 수학의 기초적인 지식·기능의 의미 이해를 통한 확실한 정착, 그리고 해결과정을 통한 수학적 사고력과 창의적인 문제해결력 신장에 도움을 줄 수 있다. 또한 자기 나름의 독특한 문제해결 전략들을 일반화·정교화하며 문제해결 과정을 경험하는 것을 넘어서 문제 만들기를 통한 창조적 문제해결 활동의 경험들을 통해 학생들은 수학적 생각(귀납, 유추, 연역, 종합, 발전, 단순화, 추상화, 일반화, 특수화, 기호화, 수량화, 도형화하려는 생각)과 수학적 태도(자신의 문제나 목적·내용을 스스로 명확히 파악하려는 태도, 조리 있게 행동을 하려는 태도, 내용을 간결·명확하게 나타내려는 태도, 보다 나은 것을 알아보려는 태도)를 형성할 수 있다.

5. 창의력을 신장시키기 위한 교수학습

하이에트(Highet) & 쿠네이(Cooney, 1994)는 "학습지도는 과학이 아니라 예술이다"라는 말을 했다. 교수 기술은 교사 개개인의 자질과 능력에 따라 창안되는 예술품인 것이다. 교수법이란 독특한 알고리즘이 있는 것도 아니고, 신비스런 비법이 있는 것도 아니다. 교수 기술은 교사 개개인의 독특한 창조물이기 때문에 어떤 교수법이 창의력 신장에 가장 효율적이며 강력한지를 판단하기는 어렵지만 몇 가지로 정리하면 다음과 같다(김건용, 2009).

⑴ 교사는 인내심이 있어야 한다

수학 학습에 악영향을 미치는 수학 불안이나 학생들의 수학적 사고를 저해하는 여러 가지 요인 중에서 가장 먼저 꼽는 것이 권위주의적인 교사, 그리고 다음으로 수업에 서투른 교사를 들고 있다. 오늘날에는 이러한 교사는 적겠지만, 학생에게 수학적 지식을 무리하게 주입시키고자 한다거나 성급하고 완벽한 해결 방법이나 정답을 기대하려는 경향성, 그리고 서투르고 어설픈 학생들의 활동이나 생각을 자주 간섭하고 어떤 기준에 따라 행동하도록 간섭하게 되는 경우는 창의적 사고력 발달에 나쁜 영향을 준다. 따라서 창의력을 기르기 위해서는 참고 견디며 꾸준히 기다리는, 즉 인내하는 지혜를 가져야 할 것이다.

(2) 질문보다는 발문을 많이 해야 한다

질문이란 이미 학습한 사실에 관해서 물어보는 물음이라면 발문은 사고활동을 활발하게 하는 물음이라고 볼 때 어떤 정보를 아는가에 관한 질문, 기억된 것을 묻는 질문 등은 창의력 증진과는 아무런 관계가 없다. 즉, 사고를 자극할 수 있는 발문이나 메타인지적(meta-cognition) 발문을 활성화해야 한다. 예컨대, "왜 그렇게 생각하는가?", "어떻게 해서 그렇다고 생각하는가?", "또 다른 방법은 없는가?", "what if~?", "what if not~?" 등의 발문 기법은 모두 창의적 사고 활동을 자극할 것이다.

(3) 개방형 문제와 교수법의 특성을 활용하도록 한다

개방형 문제란 단 하나의 정답이 있는 것이 아니라 어떤 접근 방식으로 다루는가에 따라 답이 달라지는 문제이다. 물론 각각의 해답은

합리적인 것이어야 한다. 특히 그러한 문제들은 그룹의 협력학습에 적당하며, 그 문제들을 다루는 여러 가지 수학적 아이디어와 기술을 계획, 탐구하고, 학생들이 자신들의 사고를 명료히 하고, 자신들이 내린 결정을 확인하는 학급 토론이 수반되어야 한다.

(4) 오류에 대해서 관대한 분위기를 만들어야 한다

학생뿐만 아니라 기성인들도 문제해결에서 종종 실수를 경험하게 되며, 또 그들은 자신의 오류를 발견하지 못하는 경우가 많다. 문제해결 과정에서 학생이 오류를 일으켰을 경우 교사의 입장에서 보면 틀린 논리이지만 학생의 입장에서 보면 그것은 일관성 있는 그 자체의 논리를 가지고 있다. 학생이 어떤 오류를 범했을 때 이를 교사의 입장에서 일방적으로 수정하려는 것은 바람직하지 못하다. 오류를 바람직한 교수학적 대상으로 삼고 그 근원을 찾고 이를 수정하는 과정에서 그들의 사고력이 신장되어간다고 볼 때 오류는 나름대로 교육적 가치가 있다는 것을 인식해야 한다. 학생들이 오류에 부담을 느끼지 않을 때, 그들은 더 적극적으로 환경에 대해 적응하려는 태세와 창의적 사고의 기회를 가지게 될 것이다.

(5) 학생의 개별적 특성을 존중해야 한다

학습자 개개인이 갖고 있는 지식과 경험과 인지 능력은 독특한 것이므로 교사는 모든 학습자들을 동일하게 여겨서는 안 된다. 그들의 개별적 특성을 충분히 고려하여 개개인의 지적 욕구를 충족시킬 수 있도록 함으로써 창의성은 길러지는 것이다. 따라서 유별난 생각이나 질문에 대해서 주의를 기울이고 진지한 태도로 답해주어야 한다. 그들의 유별난 생각이나 질문을 무시하거나 핀잔을 주는 것은 창의적 사고를 송두리째 짓밟는 소행이다.

(6) 기본 · 기초교육에 충실해야 한다

인간의 행동에 있어 새로운 접근이나 아이디어들은 기존의 지식을 바탕으로 이들이 새롭게 결합하여 얻어진다는 것을 감안한다면 창의성에 있어서 과거의 경험이나 기존의 지식의 역할을 절대 간과해서는 안 될 것이다. 수학적 창의성의 산실은 수학적 개념, 원리·법칙에 대한 명확한 이해가 전제되어야 한다. 따라서 창의성 신장을 위한 교육을 실시한다고 하더라도 교육 과정의 내용을 소홀히 다루거나 변칙 적용하는 일은 없어야 할 것이다(김연중, 2008: 32-43).

제 **7** 장

외국의 수학교육

1. 미국의 수학교육

(1) 수학교육의 과도기

새 수학 운동(1960) 기간에는 미국의 수학과 교육 과정 및 구조, 교과 내용 위주의 교육 과정의 구성, 학습자 입장에 대한 충분한 고려의 결여로 학습자는 배우기에 어렵고 지도하는 교사에게도 능력에 벅차게 되었으며, 기초로의 회기(Back to basics, 1970) 운동 기간에는 기초적인 기능 규명과 새로운 수학과 교육 과정 구상, 학생들에게 사회생활에서 필요로 하는 수학적 기능을 갖추게 하도록 하였으나, 학생들의 수학 성취도는 하락하는 경향을 보였다. 1980년대에는 기본적 계산에서 문제해결(problem solving)로의 전환을 하였고, 1990년대는 1980년대의 문제해결과 사고력에 교육공학을 추가하는 교육 활동을 하였다(미국수학교사협의회, NCTM, 2000).

(2) 현실주의 수학교육(RME)

1960년대 '새 수학 운동'이 네덜란드에서 큰 인기를 얻지 못하자 네덜란드의 국립 수학교육 연구소인 IOWO에서 제안된 수학교육이론으로 핵심적인 생각은 비형식적 방법의 존중과 상호작용적 학습을 강조하여 학생들의 수학 재발명 경험을 제공하고자 하였다(김건용, 2009).

① RME[1])의 학습지도 원리

가. 맥락 문제(contextual problem)

형태와 기능 면에서 기존의 전통적인 문장제보다 광범위한 개념, 장소(location), 이야기(story), 프로젝트(project), 주제(theme), 스크랩 문제 등을 다루는 것이다.

나. 맥락 문제의 기능

맥락 문제의 기능은 수학 개념을 형성할 수 있도록 학생들이 수학에 자연스럽게, 호기심을 갖고 접근할 수 있게 하고, 모델 형성은 사고과정을 돕는 활동 자료나 시각적 모델을 제공하며 형식적 연산, 절차, 기소, 규칙을 학습하기 위한 기반을 제공하는 것이다. 응용 가능성은 맥락 문제는 응용의 근원이자 응용영역으로서의 현실을 보여주고, 응용 상황에서 특정한 산술 능력의 연습 기회를 제공하는 것이다.

---

1) RME(Reality Mathematics Education).

다. 맥락 문제와 수학 학습

맥락 문제를 통해 학습에 대한 자신감 획득, 개념 이해 증진, 개념 발달의 토대 제공, 맥락적 전략 계발을 통해 다른 문제해결의 토대 제공, 학생들 자신의 맥락 의존적 방법의 활용 결과 수업에 대한 가치 인식 등을 하는 것이다.

② 수직적 도구에 의한 수준 상승의 원리

화살표 기호와 같은 시각적 모델, 상황모델, 도식, 다이어그램, 기호와 같은 수학적 도구를 사용하고, x, y와 같은 고정된 문자로 시작하기보다 주어진 맥락에서 사용된 용어의 약어나 암호 등을 사용할 기회를 주는 것이 바람직하다. 특히 학생들의 비형식적이고 상황적인 지식이 점차 추상화되고 세련되어 형식적 수학을 위한 토대를 제공할 수 있어야 한다.

③ 학생의 창작 활동을 통한 반성적 사고의 촉진 원리

창작 활동으로 수학적 자료를 조직화해 봄으로써 수학화의 기회를 극대화할 수 있고, 학생들의 잘못된 아이디어와 오개념(誤槪念)을 드러냄으로써 교수학습 과정의 반성과 예견의 이론적 기반을 제시해주며 용어, 기호, 기호법, 도식, 모델을 만드는 것은 수평적·수직적 수학화에 공헌한다.

④ 상호작용의 원리

자신의 풀이를 설명하고 정당화하고 다른 사람의 풀이를 이해하고 동의, 반대하면서 다른 방법을 찾아가면서 반성적 사고가 일어나게 하는 것이다.

⑤ 학습 내용의 혼합을 통한 구조화 원리

여러 가지 학습 내용을 포함하고 있는 전형적 예로서 작용할 수 있
는 문제 상황을 찾아내는 것이며, 분수와 비, 계산과 측정, 기하와 측
정 등의 영역을 혼합하여 학습하는 것이다.

(3) 5~8학년까지의 교육 과정

① 폭넓은 교육 과정은 수, 계산, 어림셈, 측정, 기하, 통계, 확률, 규
   칙성, 함수 및 대수의 기본 개념 등이다.

② 교육 과정의 특징은 새로운 아이디어를 필요로 하며 학생들의
   동기를 유발하는 문제 상황이 제공된다.

③ 수학에서의 의사소통과 수학적 추론이 교육 과정에 도입, 영역
   별 통합 교육을 실시하고, 계산기, 컴퓨터 등 기술공학이 적절
   하게 사용된다.

(4) 수업

학생들이 스스로 의문을 가지며 적극적으로 참여하면서 이루어져
야 하고, 개인별, 소집단별, 대집단별로의 수업으로 상호 간 논의, 토론,
반성적 사고의 기회가 제공된다. 컴퓨터, 계산기, 저울, 컴퍼스, 가위,

자, 각도기, 그래프용지, 모눈종이, 기하판(geoboard) 등 교수 자료가 충분히 갖추어져야 한다.

(5) 영역별 학습목표 규준

① 문제해결로서의 수학: 여러 가지 수학적인 아이디어나 문제해결 전략은 문제를 해결해가는 과정 속에서 스스로 깨우치도록 하는 것이 중요하다. 예를 들어, 15명이 다른 사람과 악수를 할 때 몇 번을 하게 될까? 이 문제에 대해 각 소집단별로 많은 전략을 생각한 것이며, 시간이 흐른 후에 여러 방법들을 비교해보면서 학습하게 되는 수업이 좋을 것이다.

② 의사소통으로서의 수학: 소집단별로의 문제해결 과정에서 많은 학습이 이루어질 수 있다. 각 소집단별로 20×20의 종이를 주고 부피가 가장 크게 되도록 상자를 만들어보아라. 그러면 각 집단은 다양한 방법으로 상자를 만들려고 서로 의논하고 토론하며 수학적 기호를 사용해서 풀어나갈 것이다.

③ 추론으로서의 수학: 패턴인식, 비율추론(어떤 가게는 과자를 1개당 1달러, 10개를 9달러에 판다. 톰은 30개의 과자를 사려고 하는데 얼마를 지불해야 하겠는가?), 비례추론(도형의 닮음과 측정), 그래프추론(청룡열차의 그래프에서 가장 속도가 큰 곳은?)

④ 수학적 연결성: 수학을 통합된 전체로서 볼 수 있어야 한다. 여

러 가지 수학적 아이디어를 통합할 수 있어야 하며, 각 교과 내의 개념들 간의 관계와 타교과 간의 관계를 전체로써 다룰 수 있는 능력 융통성이 있어야 한다. 5~8학년 학생에게 중요한 연결 중의 하나는 표와 대수, 그래프 사이의 관계이다.

⑤ 수와 수관계: 5~8학년 학생들은 수에 대한 폭 넓은 학습이 필요하며, 정수, 분수, 소수, 유리수, 퍼센트 등에 대한 동치관계와 다양한 표현방법을 알아야 한다. $\frac{15}{100}$(15퍼센트), $\frac{3}{20}$(이길 확률), 0.15(세금), 15%(할인율) 등 값은 같지만 사용용도에 따라 다르게 쓰일 수 있는 것을 인식하는 것이 중요하다. 넓이 모델을 통한 분수, 비, 소수, 퍼센트의 개념과 소수의 무한성에 대한 감각, 비의 곱셈연산, 길이가 두 배면 넓이는 4배 등의 확장되면서 실세계적인 수업에 중점을 두어야 한다.

⑥ 수체계와 수론: 자연수의 체계에서 정수, 유리수의 체계로 확장을 해야 한다. 자연수 속에서의 연산, 분수, 정수 속에서의 연산의 차이와 공통점을 인식하는 것이 중요하며, 수에 대한 정리인 약수, 배수, 소수에 대해서도 실생활과 적용시킬 수 있어야 한다.

⑦ 계산과 어림: 계산이 언제, 어떻게, 무엇을 알고자 할 때 쓰이는지 깨닫는 게 중요하며, 여러 가지의 문제 상황 속에서 재미있는 알고리즘을 만들어볼 기회와 자신의 생각을 검증할 수도 있다. 자신의 생각을 검증하기 위해 어림셈을 하는데 어림셈의 중요도는 문제 상황을 이해하는 데 도움이 된다.

⑧ 규칙성과 함수: 5~8학년 수학교육 과정의 가장 핵심으로, 비형식적이거나 구체물, 실세계의 문제 상황을 언급한다. 단순히 계산을 이용하는 규칙성문제-한 사람이 10분 후 2명에게 소문을 퍼뜨린다면 80분 후에 몇 명이 알게 될까?-에서부터 규칙성을 이용하여 추론능력을 키우는 문제까지 다양하다. 문제 상황의 규칙성을 찾는 수학적 아이디어, 모델링 능력을 키우는 것은 수학하는 힘과 유용성에 큰 도움이 된다.

⑨ 대수: 구체물의 사용인 K-4학년과 형식적인 수학 8~12학년 사이의 연결을 맺어주는 것이 5~8학년의 대수이다. 문제 상황에 대한 규칙성을 탐구하고 그것을 일반화하기 위해 수학적 기호와 표, 그래프를 이용하는 것이 학습되어야 하며, 실생활 속에서 문제를 이런 수학적인 상황으로 해석하며 규칙성, 대수도입, 분석, 해석, 검증을 할 수 있는 능력이 있어야 한다.

⑩ 통계: 5~8학년 학생들에게 자신의 취미, 관심거리를 소재로 확률 지도를 하는 것은 수학의 힘과 유용성에 많은 능력을 길러줄 것이다. 특히 중요한 것은 단순히 정보화 사회에 걸맞게 지식습득이나 평균, 분산, 편차의 계산능력보다 실제로 관심 있는 부분을 조사하고, 수집하면서 여러 가지 통계의 개념들을 알아야 하는 이유를 습득하는 참여적이고 능동적인 수업이 필요하다.

⑪ 확률: 실제적인 문제를 다루면서 흥미유도와 확률의 의미를 부각시키며, 모델링, 시뮬레이션, 자료수집, 표상하는 것, 예측하

는 것 등은 수학의 위력을 음미하게 될 것이다. 이때는 실험적 방법과 이론적 방법이 있는데 실제로 해보고 난 뒤, 이론적인 것과 얼마의 차이가 있는지를 검토하는 것도 좋으며, 또한 확률은 분수, 소수, 퍼센트의 개념을 도입하게 하며 발달시킬 수 있다.

⑫ 기하: 주변세계를 보다 의미 있는 방법으로 인식할 수 있도록 하기 위해서 기하 학습은 중요하다. 구체물을 가지고 직접 조작해보면서 각 도형 속에 내재되어 있는 특성들을 인식하고 도형들 사이의 관계를 파악하는 것이 중요하다. 컴퓨터 소프트웨어를 이용해서 대칭이동, 회전, 확대, 축소 등의 개념을 학습하는 것이 좋다.

⑬ 측정: 일상생활에서의 의문을 명확히 하기 위해서 적당한 측정 도구를 선택하고 측정하는 능력이 필요하다. 이런 측정은 또한 도형의 넓이, 부피, 각도 등을 다른 도형으로 어림하는 기술이 필요하다.

2. 일본의 수학교육

(1) 초등수학 교육 과정

① 일본 초등수학 교육 과정의 방향
   가. 엄선에 의한 여유: 내용의 엄선을 통해 수학 학습을 위한 여유를 확보하여, 심적 안정감을 갖는 가운데 기초·기본을

확실히 정착시키고자 한다(上野健齒, 2002: 3).

　　나. 주체적인 학습 강조: 아동 스스로 체험적 활동을 통해 수량
　　　　감각을 익히고 그 의미를 깨닫도록 한다.

　　다. 즐거운 수학 교육: 수학 학습의 즐거움을 아동이 느낄 수 있
　　　　는 학습 환경을 조성한다.

　　라. 창조성의 기초를 기르는 수학 교육: 다면적으로 사물을 보
　　　　는 힘과 논리적으로 생각하는 태도를 강조한다.

　　마. 실생활과 관련 있는 수학 교육을 실시한다.

② 일본 초등수학 교육 과정의 목표

　수량과 도형에 대한 수학적인 활동(新井仁之, 2002: 18)을 통하여,
기초적인 지식과 기능을 익혀, 일상의 사상에 대해 예견하고 논리적
으로 생각할 수 있는 능력을 육성하며, 활동의 즐거움과 수리적 처리
의 좋은 점을 알아채고, 나아가 생활 속에 살려나가고자 하는 태도를
기른다.

③ 일본 초등수학교육 과정의 내용

　수학은 모든 학년에서 의무적으로 45분 수업을 하며, 한 해 동안
1학년에서 114시간, 2학년은 155시간, 3학년에서 6학년까지는 150시
간으로 수업 시수가 배당되어 있다. 수학과의 내용구성을 살펴보면,

수와 계산, 양과 측정, 도형, 수량관계의 4영역으로 나누어져 있다(原田耕一郎, 2002: 41).

　가. 수와 계산 영역: 정수, 소수, 분수 등의 수의 의미와 표시법, 수의 계산 등이다.

　나. 양과 측정의 영역: 생활 속에서 주위에 있는 양의 의미와 단위를 이용한 표시법, 양의 측정 등의 내용에 의하여 구성

　다. 도형 영역: 기본적인 평면도형이나 입체도형의 의미, 도형의 구성 등의 내용으로 구성, 각 영역은 수, 양, 도형의 의미에 대해 이해하는 것과 계산, 측정이나 구성 등의 활동과 밀접하게 연결하여 지도해나가는 것을 강조한다.

　라. 수량관계 영역: 수량이나 도형을 다루는 과정에서 공통되는 사고나 방법 등으로 구성, 주된 내용은 변화나 대응 등의 함수적 생각, 식에 의한 표현, 표와 그래프에 의한 통계적인 처리 등이다.

　이러한 일본의 수학교육 과정을 분석한 결과 그 방향을 요약해보면 첫째, 수학 학습을 위한 여유의 확보. 둘째, 주체적 활동의 중시. 셋째, 즐거운 수학 학습 경험. 넷째, 창조성의 강조. 다섯째, 실생활과의 관련성을 강조하고 있음을 알 수 있다.

　그리고 이러한 방향을 바탕으로 한 구체적 내용과 목표를 중심으

로 요약을 해보면 첫째, 수학적 활동을 통한 학습의 강조. 둘째, 수학 학습의 즐거움을 맛볼 수 있도록 배려하는 학습 환경의 조성. 셋째, 수량이나 도형에 관한 감각을 풍부하게 하는 학습의 강조. 넷째, 수나 계산의 의미 이해와 계산방법에 대하여 생각하는 것을 중시한다는 것을 알 수 있다.

3. 영국의 수학교육

영국의 key stage 4에서는 '기본 과정(Mathematics Foundation)'과 '심화 과정(Higher Mathematics)' 두 교육 과정 중에서 하나를 학습하게 된다. 심화 과정은 key stage 3의 성취수준이 5단계 이상인 학생들이 배우는 과정이고 성취수준이 5단계에 미치지 못하는 학생들은 기초 과정을 배우게 된다. 각 stage 말에 교사가 학생들의 성취수준을 9단계로 나누어 평가한다. 각 성취수준의 기준은 국가가 정한다.

영국의 학습 프로그램은 1995년에 수학의 내용을 '수학의 이용과 적용', '수', '대수', '도형, 공간, 측정', '자료의 처리'의 다섯 영역으로 구분하였는데 1999년의 새 학습 프로그램에서는 구분의 단위가 커져 '수와 대수', '도형, 공간, 측정', '자료의 처리'의 세 영역으로 단순화하였다. 1995년의 학습 프로그램에서 독립적으로 설정하였던 '수학의 이용과 적용'은 1999년의 학습 프로그램에서는 각 영역의 내용과 결부되어 좀 더 구체적으로 명시되었다. 또한 영국은 ICT(Information and Communication Technology)라고 불리는 정보와 의사소통 공학의 사용을 학습 프로그램의 요소에 구체적으로 명시하고 있다(Marcie Aboff, 2009: 182-183).

(1) 수학과 교육 과정의 목표

다음은 수학과 교육 과정의 key stage 4단계에서의 목표이다. 단, 여기서 서술하는 내용은 1999년 교육고용성에서 발행한 '*Mathematics*' 문서의 수학과 교과과정에 따른 것으로 기본과정과 심화과정에 대해서 고찰하였으며 심화과정을 중심으로 하였다.

영국의 학습 프로그램에서는 수학의 지식, 기능, 이해를 강조하면서, 수학을 통해 정신적 발달, 도덕적 발달, 사회적 발달, 문화적 발달을 증진시킬 것을 강조한다. 수학 학습을 통한 사고 기능, 재정적 능력, 기회 능력과 기업 능력, 직업 관련 학습능력을 강조함으로써 수학의 이용과 적용에 초점을 맞추고 있다.

또한 수학을 통해 길러야 할 핵심 기능으로는 의사소통, 수의 응용, 정보 공학(IT: Information Technology), 다른 사람과의 공동 학습, 학습자 자신의 학습과 성취도 개선, 문제해결 등을 설정하고 있다. 학습 프로그램에서 명시하고 있는 수학의 핵심 기능을 보다 구체적으로 살펴보면, 수학 학습을 통해 아이디어와 방법을 정확하고 명확하며 간결하게 의사소통할 수 있는 능력을 기르고, 수학에 대한 지식, 기능, 이해를 사용하고 적용함으로써 수의 응용 능력을 양성할 것을 목표로 하고 있다. 정보 공학 기능과 관련해서는, 논리적 사고를 계발함으로써, 수치, 대수, 그래프 문제를 해결하기 위해 그래프 패키지나 기하 패키지를 사용함으로써, 그리고 자료를 제시하고 분석하는 데 데이터베이스와 스프레드시트를 사용함으로써 정보 공학 기능을 획득할 것을 강조하고 있다. 수학적 아이디어에 대한 소집단 활동과 논의를 통해 다른 사람과 공부 학습할 것을 권고하고 있으며, 논리적 사고, 집중력, 분석적 기능을 계발하고 문제해결의 접근 방법을 재음미함으로써 자신의 학습과 성취도를 개선할 것을 강조하고 있다. 마지막으로 문제해결과 관련해서는, 방법과 기법을 선택하고 사용함으로써, 전략적 사고를 계발함으로써, 선택한 해결 방법이 그 문제에 적절한 것인가 그렇지 않은 것인가를 반성함으로써 문제해결 능력을 양성할 것을 강조하고 있다.

(2) 영국의 성취 수준 목표

영국의 교육 과정의 성취 수준은 모두 1수준~8수준, 그리고 그 이상의 수준으로 총 9개이며, 각 수준의 기준은 국가가 정하도록 되어 있다. 이는 학생들이 해당 key stage 동안 성취해야 할 내용의 수준과 범위를 나타낸 것이다

대부분의 학생들의 성취도는 key stage 1말에는 1~3수준, key stage 2말에는 2~5수준, key stage 3말에는 3~7수준으로 기대되고 있으며, 수준 8이상은 매우 유능한 학생들에게 적용되는 것으로 3단계에서 예외적으로 좋은 성취를 이룬 학생을 차별화하기 위한 것이라 할 수 있다. 한편, key stage 4에는 성취 목표 수준을 기준으로 하는 척도 방법이 적용되지 않는다. 그리고 각 stage 말에 교사가 학생들의 성취 수준을 9개로 나누어 평가한다. key stage 1에서의 성취 수준이 2수준 이상인 경우 key stage 2에 진급할 수 있으며, key stage 2에서의 성취 수준이 4수준 이상인 경우 key stage 3에 진급할 수 있다. 또, key stage 3의 성취 수준에 따라 key stage 4의 '기본 과정'과 '심화 과정' 두 가지 교육 과정 중에서 하나를 학습하게 되는데, 심화 과정은 key stage

3의 성취 수준이 5수준 이상인 학생들이 배우는 과정이고 성취 수준이 5수준에 미치지 못하는 학생들은 기초과정을 배우게 된다.

이와 같이 교육 내용을 학년별로 세분하여 제시하지 않고 각 key stage별로 제시하는 것은, 동일한 학년이나 연령의 학생이라도 그 성취 수준이나 능력에 있어서는 차이가 있을 수 있다는 사실을 고려한 것으로, 학생들의 수준 차이에 상용하여 융통성 있게 내용을 구체적으로 어느 학년에서 다룰 것인지 단위 학교가 결정할 수 있도록 재량권을 갖게 되는 장점이 있다.

(3) 영국의 key stage 4 교과 내용

영국 교육 과정의 key stage 4의 기본과정에서는 key stage 3의 내용을 상당 부분 반복하여 다루고 있으며, key stage 4의 심화과정은 key stage 4의 기본 과정의 대부분의 내용을 또다시 중복하여 다루는 동시에 일부 내용은 더욱 발전적으로 다루고 있다.

① 대수 영역
대수 영역에서 찾아볼 수 있는 영국 교육 과정의 특징은 어림셈과 암산을 강조한다는 점이다. 매 단계마다 암산의 수준이 높아져 key stage 4에서는 암산의 범위가 지수와 소수로까지 확장한다. 또 다른 특징은 계산기를 일찍부터 도입하여 학년이 높아질수록 계산기의 여러 기능키와 연산의 순서, 법칙 등을 이용하여 계산기를 더욱 능숙하게 사용하도록 요구한다.

분수의 사칙연산, 최대공약수와 최소공배수는 key stage 3에서 다루고, 순환소수는 key stage 4 심화과정에서만 다루는 것으로 되어 있다. 또한 제곱근과 거듭제곱근은 key stage 3에서 다루고 key stage 4 기초과정에서는 양의 제곱근과 세제곱근만 다루며 음의 제곱근과 세제곱근은 심화과정에서 다룬다. 영국의 교육 과정에서는 한국의 교육 과정에서 볼 수 있는 로그, 행렬, 계차수열, 수학적 귀납법, 알고리즘과 순서도, 분수방정식, 무리방정식, 삼차방정식, 사차방정식, 분수방정식은 제시되어 있지 않다.

② 해석 영역

유리함수의 그래프는 key stage 4의 심화과정에서 다루고 있고 무리함수의 그래프는 제시되어 있지 않다. 지수함수의 그래프와 삼각함수의 그래프를 key stage 4의 심화과정에서 다룬다. 하지만 삼각방정식, 삼각부등식, 지수방정식, 로그와 로그함수의 그래프는 제시되어 있지 않다. 또한 수열의 규칙성을 이용한 n번째 항을 구하는 내용은 다루지만 구체적인 범주로 등차수열의 일반항만 key stage 4의 기초과정에서 다룬다. 하지만 등차수열의 합이나 등비수열, 계차수열은 다루지 않고 있다. 영국의 교육 과정에서는 한국의 교육 과정에서 볼 수 있는 미적분에 관한 내용(무한수열, 무한등비급수, 함수의 극한, 연속, 미분계수, 미분, 도함수의 활용, 구분구적법, 적분, 정적분의 활용 등)이 제시되어 있지 않다.

③ 기하 영역

영국에서 기하의 많은 내용은 key stage 3, 4에서 다루어지며, 앞의 영역에서와 마찬가지로 key stage 4 기초과정에서는 key stage 3에서 다루었던 내용을 반복하여 다룬다.

영국 교육 과정에서는 전개도를 다루지 않는 반면, 단면도, 사영도, 설계도, 입면도 등을 분석하고 입체도형의 평면 그림을 학습하는 것을 key stage 3~4에 걸쳐서 다룬다. 또한 key stage 3, 4에서는 도형의 닮음과 지도의 축척을 이해하고, 지도를 읽는 것을 함께 다룬다.

key stage 4 심화과정에서는 벡터를 다루지만, 벡터의 합, 차, 스칼라 곱까지 다루고, 내적이나 벡터 방정식 등은 교육 과정에 제시되어 있지 않다. 정리하면 영국에서는 도형의 이동을 key stage 1, 좌표를 key stage 2, 공간 좌표를 key stage 3에서부터 다루는 등 좌표로 점의 위치를 표현하는 것은 일찍부터 다루지만, 좌표평면을 이용한 해석기하인 직선의 방정식 이외에는 거의 취급하지 않는 것으로 보인다. 영국의 교육 과정에서는 한국의 교육 과정에서 볼 수 있는 선분의 내분과 이분, 부등식의 영역, 원의 방정식, 구의 방정식, 포물선, 쌍곡선, 타원, 정사영과 삼수선의 정리가 제시되어 있지 않다.

④ 확률과 통계 영역

영국 교육 과정에서의 통계영역은 key stage 3과 4에서는 주어진 문제를 구체화하고 자료 수집 및 처리를 계획하는 단계, 자료 수집 단계, 자료 처리 단계, 처리 결과에 따라 결론을 내리는 네 단계를 모두 수행하도록 하고 있다. 이론적 통계보다는 실제적 통계 위주의 교육 과정을 운영하고 있다고 볼 수 있다.

전반적으로 볼 때, 영국 교육 과정의 통계 영역은 수준이 높다고 할 수 있으나 확률과 관련한 내용은 거의 제시되어 있지 않다. 영국 교육 과정에서는 key stage 2에서부터 ICT를 이용하여 자료를 다이어그램, 막대그래프, 선그래프 등으로 나타내고 해석한다. 확률의 주요 내용(산포도, 수학적 확률과 통계적 확률, 큰 수의 법칙, 중앙값, 최빈값, 범위)은 key stage 3에서 다루어지며 상관관계 역시 key stage 3에서 다루어지지만 상관도와 상관관계는 key stage 4 심화과정에서 다루어진다. 또한 한국 교육 과정에서는 다루지 않는 사분위수, 사분위범위, 밀도, 주기성, 경향성이나 자료처리프로그램을 사용하는 것이 key stage 4 심화과정에서 다루어진다.

영국 교육 과정에서는 확률의 뜻이나 기본 성질 등이 key stage 4에서 다루어질 뿐, 순열, 조합, 이항정리, 확률변수, 확률분포, 확률밀도함수, 이항분포, 정규분포, 표본평균과 분포 등은 교육 과정에 제시되어 있지 않다(Liping Ma, 2009: 144-146).

4. 중국의 수학교육

중국의 천진실험소학의 교육 과정은 국가 교육 과정을 기본으로 하되 영재양성에 적합하도록 교육 과정이 재구성되어 편성되어 있다. 이 학교 영재실험반의 교육 과정을 보면 수학, 어문, 외국어의 세 과목을 특별히 중시하는 방향으로 편성되어 있다(오치선, 2005: 131-140).

(1) 수학 교재

수학 교재는 현재 사용되는 5년제와 6년제 소학교 교육 과정 및 교재를 기초로 해서, 전반적으로 다시 구성하여 사용하고 있다. 수학은 전체 내용 체계를 고려하여 내용을 정선하고, 통합하고, 심화시켜 교재를 재구성하였다. 중복된 내용을 제거하고, 기본 개념과 수관계를 중시하였으며, 지능을 계발하고, 능력을 배양하는 내용을 보충하였다. 또 일정한 수준 이상의 난이도가 있는 내용을 포함시켰다(上海敎育, 2007: 5).

(2) 교재의 전반적인 특징

학생들은 대부분 양호한 조기교육을 받은 경험이 있다. 이것은 학업을 이수할 일정 수준 이상의 능력을 이미 가지고 학교에 입학한 것이라고 볼 수 있는데, 실제 학업 능력 면에서 학생들은 높은 성취 수준을 보이고 있다. 입학 당시 학생들은 이미 읽기, 쓰기, 셈하기를 할 줄 안다. 또 그들의 이해력과 기억력은 비교적 높은 편이다.

① 교재내용을 배열

지식의 관계와 전이를 고려하여 교재의 내용을 안배하고 있다. 일반적으로 교재는 중요한 개념과 원리 등에 대해서 학습효과를 높이기 위하여 여러 차례 반복 학습과정을 두고 있다(上海敎育, 2007: 79-85).

② 지식의 구조를 강조

이것은 바로 브루너(Brunner)가 말한 '지식의 구조'와 맥을 같이한다. 지식이 어떻게 구조화되어 있는지를 학생들이 알도록 함으로써 지식의 연계성과 확장성이 가능하도록 하는 교재를 구성하고자 하였다.

③ 고난도 문제 제시

대부분의 학생들은 지식욕이 강하고, 학습에 대한 의욕이 있으며, 사고력이 높다. 이러한 학생들의 특성을 고려하여 기초지식을 중시하면서도 고난도의 내용을 제시하여 수학교육 발전에 부응할 수 있도록 하고 있다.

④ 교육 내용의 취사 운영

신입생을 모집한 후 각 학생의 지식수준에 대해 개별 분석을 실시하고 있다. 그리고 이러한 개별 학생들의 수준에 맞추어 맞춤식 교육을 실시하고 있다. 어떤 내용을 학습할 때, 학생들이 이미 그 내용을 알고 있고, 그 방면의 기초지식을 가지고 있다고 판단되었을 경우 이와 관련된 내용은 과감히 줄여, 좀 더 심도 깊은 내용을 학습할 수 있도록 조치하고 있다.

⑤ 전체 구조를 통한 학습 방법의 활용

전체를 파악한다는 것은 체계적으로 지식을 이해하기 위한 출발점이 될 수 있다. 전체와 부분의 상호의존과 상호결합, 상호제약의 관계 속에서 지식의 체계적인 내용과 법칙이 나타나게 된다. 이러한 입장에서 이 학교에서는 학습방법을 지식의 전체적인 구조를 파악하는 데 초점을 두고 있다. 학생으로 하여금 전체 구조의 연계 속에서 각각의 구성부분과의 상호 관계를 파악하도록 하고 있다.

⑥ 자기주도적 학습능력의 배양

자기주도적 학습능력을 강화하기 위하여 학생들에게 학습방법을 익히도록 지속적으로 노력하고 있다. 이를 통하여 학생들이 어떻게 학습해야 할지를 스스로 깨닫고, 점점 교사의 테두리에서 벗어나 독립해서 지식과 능력을 획득하도록 하고 있다. 이 학교가 실시하고 있는 과목별 자기주도적 학습능력 향상을 위한 방법을 간단히 소개하면 다음과 같다.

수학과목에서는 학생들이 수학교과서를 열독하는 방법을 취하고 있다. 처음에는 교사가 공부할 요점을 만들고, 학생들은 책을 보며 스스로 공부하도록 지도한다. 이후 점점 학생들이 독립적으로 스스로 책을 보고 공부하며, 의문사항에 대한 질의를 만든다. 이밖에 학생들이 사전류를 사용하는 방법을 배움으로써 그들 스스로 참고 자료를 찾고, 관련 서적으로부터 지식을 얻는 능력을 배양하고 있다.

⑦ 사고력 훈련의 강화

창의적 사고력의 수준은 잠재되어 있고, 미지수이기 때문에 학교에서는 이런 학생들에게 사고와 창의성 교육을 더 강화하여 창의적 사고력을 최대한 키워주고자 하고 있다. 이를 위한 구체적인 방법은 다음과 같다.

가. 지식의 확장

도형을 관찰할 때 정면에서 볼 때와 반대편에서 볼 때 서로 보이는 각도가 다를 것이다. 이렇게 다양한 각도에서 지식을 이해하고, 사물을 관찰하는 습관을 갖도록 함으로써 학생 자신이 가진 지식의 세계를 다양하게 확장시켜 나가도록 하고 있다.

나. 사고의 틀을 벗어나도록 교육

수학문제를 푼다고 가정해 볼 때 $\frac{1}{9}$을 3배로 확대할 경우, 일반적으로는 $\frac{1}{9 \times 3} \times 3$으로 계산하게 된다. 그리고 이것이 정상적인 계산법이지만, 학생들이 기존의 계산방법이 아닌 새로운 계산방법을 활용해 문제를 풀도록 지도하며 주문하고 있다. 예상되는 계산법은 다양하며 예를 들면 다음과 같다.

첫째, $\frac{1}{9 \div 3}$(즉, 9÷3분의 1)로써 분모를 $\frac{1}{3}$로 축소. 둘째, $\frac{1+2}{9}$와 같이 분자를 자신의 2배로 증가. 셋째, $\frac{1}{9-6}$로서 분모를 $\frac{2}{3}$ 감축하는 것이다. 이외에도 여러 가지가 나올 수 있을 것이다(오치선 외, 2005: 144).

다. 창의적인 상상의 기회 제공

학생으로 하여금 더욱 많이 활동에 참여하도록 하고, 손과 두뇌의 동시 협응 작용을 활용해서 상상력을 발휘하도록 한다. 일부 학생들은 비록 이해력이 뛰어나고, 기억력이 일반 학생보다 뛰어나지만, 그들의 인식 과정은 연령의 제약을 받을 수밖에 없다.

따라서 그들이 두뇌와 함께 손을 사용하여 지식을 습득하는 과정을 갖도록 함으로써 지식 획득의 효과를 배가시키고, 사고 수준을 한 차원 높은 곳으로 끌어올리고자 하고 있다. 이를 위해 소규모 실험, 제작, 발명, 창의성 훈련 등을 통하여 사고력 신장에 도움을 받도록 하고 있다.

라. 민주화 학습 분위기의 조성

교사는 모두 수업의 민주화에 특별히 관심과 주의를 기울이고 있다. 학생들의 자유로운 창의력 발휘를 위해서는 자유롭고 다양한 학습 분위기가 절대적으로 필요하다고 보았기 때문이다. 구체적인 방법은 학생들이 대담하게 자신의 독립적인 견해를 발표하는 것을 격려하고, 다른 사람의 의견을 경청하도록 하고 있다.

또한 여러 의견을 비교하고 평가하는 과정을 통하여 결론을 얻는 방법을 배우도록 하고 있다. 더욱이 학생이 교사의 의견에 대해 부정적인 의견을 내놓거나, 교재에 제시된 내용에 대해서 회의를 가지고 결론을 내는 경우를 더욱 중요하게 취급함으로써 학생들이 자유롭고, 개방적인 풍토 속에서 자신의 창의력을 마음껏 발휘하도록 하고 있다.

5. 인도의 수학교육

수학의 나라 인도는 19단을 줄줄 외는 수학영재가 넘치고 있다. 학교에는 수학실험실이 있고, 우주선 발사와 노벨상 배출의 밑거름이 수학이었다는 것이다. 인도는 이미 세계적인 IT(정보기술) 최강국이다. 인도의 'IT전사'들은 미국 실리콘밸리 엔지니어의 30%를 차지한다. 세계 여섯 번째 핵보유국이고, 1980년에 독자적으로 개발한 인공위성을 쏘아올린 나라다. 탄탄한 기초수학의 뒷받침이 없었다면 불가능한 일이다.

인도교육국 CBSE(Central Board of Secondary Education)는 올해 초·중·고, 각급 학교에 수학 실험실(Math Lab) 설치를 의무화했다. CBSE

장학관 마니(MANI)는 "수학 실험실에서는 문제를 푸는 일반 수업 때와 달리 공식이 왜 나오게 됐는지 원리 중심의 심층적인 내용을 가르친다"고 했다. '수학영재'를 가르치는 특별교육실이 각 학교마다 설치된 셈이다.

인도 최대 기업 중 하나인 타타그룹이 운영하는 기초과학연구소(TIFR)에서 운영하는 3대 연구소 중 하나가 수학연구소(School of Mathematics)다. 수학연구소는 10년 전 '수학 비전 2020'을 내놓았다. 기초과학의 '기초'가 되는 인도 수학을 2020년 안에 세계 최고로 끌어올리고 있다. CBSE 아쇼크 강굴리는 "수학의 힘이 없었다면 인도의 IT 및 우주·핵 기술의 발달은 힘들었을 것"이라고 했다(Kim Plofker, 2009: 13-14).

(1) 수학으로 IT강국

인도는 전 세계적으로 사용되는 아라비아숫자의 종주국이다. 아라비아숫자는 원래 인도에서 만들어져 아라비아로 전파된 것이다. 인도인이 창안한 아라비아숫자에는 '위치적 기수법'이라는 기발한 아이디어가 담겨 있다. 예를 들어 456을 로마숫자로 적는다면 100을 나타내는 C를 네 번, 50에 해당하는 L을 한 번 적고, 6을 나타내기 위해 V와 I를 배열한 CCCCLVI가 된다. 숫자를 적기도 불편하거니와 계산하기는 더욱 번거롭다. 그에 반해 아라비아 숫자 456은 100을 4번 적지 않아도 100의 자리에 4가 있으면 자연스럽게 400임을 알게 되는 표기 방식이다.

그런데 이런 표기가 가능하려면 자리 값이 비어 있음을 나타내는 0

의 존재가 전제되어야 한다. 그렇지 않으면 4,560과 4,506을 구분하기 어렵다. 영(零)은 산스크리트어로 수냐(sunya)라고 하는데, 대승불교에서 공(空)을 뜻한다. 인도 이전의 마야문명에서도 0을 나타내는 시도를 했지만, 인도는 0을 본격적인 수로 인정했다는 점에서 차별화된다.

수의 단위에서도 인도의 영향력을 읽을 수 있다. 말로 표현할 수 없을 만큼 이상한 일을 뜻하는 '불가사의(不可思議)'는 10을 64번 곱한 10^{64}를 말한다. 너무 큰 수이기 때문에 상상조차 하기 힘들다는 측면에서 언어적 의미와 수학적 의미가 연결된다. 10을 52번 곱한 10^{52}를 '항하사(恒河沙)'라고 하는데, '항하'는 인도 갠지스 강의 한자 표현으로, '항하사'는 이 강의 모래만큼이나 많다는 뜻이다. 이런 수의 단위는 인도를 발원지로 하는 불교의 '화엄경(華嚴經)'에서 나온 것이다.

인도에서는 방정식을 푸는 것과 관련된 대수학 분야가 특히 발전하여 일차방정식, 이차방정식, 부정방정식의 해법을 알아냈고, 삼각함수의 사인(sin) 값을 정확한 수준까지 계산했다.

(2) 인도의 수학 DNA

인도에도 일(一), 십(十), 백(百), 천(千)처럼 수를 세는 단위가 있다. 하지만 단위의 크기가 다르다. 서양에서 수를 세는 단위는 천(Thousand), 백만(Million), 십억(Billion) 등 기본적으로 세 자리이다. 한국의 경우 지금은 100,000하는 것처럼 서양식으로 세 자리마다 끊기도 하지만 원래는 만(萬), 억(億) 등 4자리다. 그런데 인도는 이보다 단위가 더 크다. 인도에는 락(Lakh)과 크로(Crore)가 있다. 락은 '십만' 즉, 5자리이고, 크로는 '천만', 즉 7자리이다. 가령 Rs(루피의 단위) 3Crore라고 하면 '3천만 루피'다. 수를 이해하는 단위가 이처럼 크다 보니 셈에도 밝다는 것이다. 인도인의 뛰어난 수학실력과 암기력을 역사와 전통에서 찾기도 한다. 브라만 계층의 경우 경전을 대대로 물려왔는데, 비밀을 유지하기 위해 문자가 아닌 말로 구전해왔다고 한다. 방대한 경전을 외우다 보니 암기력이 뛰어나다는 것이다(김건용, 2007: 131-133).

6. 이스라엘의 수학교육

(1) 수학 프로그램의 특징

이스라엘의 수학교육 프로그램은 교육부, 비영리 기관, 대학에서 운영되고 있다. 수학 프로그램은 수학 잠재능력 발현에 충실하지만 능력, 동기, 신념 그리고 다양한 학습 기회와 경험의 결합을 지향한다.

학교 단위의 수학교육으로는 수학 특별반, 수학 주제반(주로 7학년 때 시작), 수학 동호회, 경시대회 등을 운영하고 있다. 다양한 교외활동으로는 수학 클럽, 수학 올림피아드, 학생 수학 학회, 대학 통합 과정 등이 있으며, 학생들은 7년 동안 대학 입학을 위한 학점을 이수할 수 있다.

수학 프로그램은 수학능력 향상, 개인의 수월성과 창의성 계발, 정규 학교 및 교사의 수학 교수법 향상, 학부모의 자녀 지원 강화를 목표로 한다. 수학교육 진흥의 기본 원칙은 심화학습과 강화학습(때로는 속진학습)을 통합하는 것이다. 즉, 서로 연관된 원리를 학습하기 위해 학습자는 수학의 다양한 개념, 도구, 주제들 사이의 연관 관계를 구성한다. 학습 활동은 적절한 난이도의 도전적인 문제로 구성된다 (오치선 외, 2005).

수학 프로그램의 주된 목적의 하나는 마음의 습관(Habits of mind)을 기르는 것이다. 심리학적으로 마음의 습관은 정답이 없는 딜레마나 불확실한 상황에서 지적으로 행동하는 능력이다. 이러한 상황에서는 전략적 추론, 통찰력, 인내, 창의성, 장인정신이 필요한데, 마음의 습관을 통해 효과적인 지적 행동 유형을 선택할 수 있다. 수학적 맥락에서 마음의 습관은 수학적 사고 능력에서 기인한다. 수학적 마음의 습관은 수학의 학제성, 즉 학교 교육 과정 전반에 수학적 개념을 통합할 수 있음을 의미한다.

수학 프로그램에서는 개별학습과 협동학습을 결합한다. 학습자는 문제해결능력을 향상하기 위해 학교와 가정에서 개별적으로 체계화된 학습을 하는 동시에 동료들과 서로 도우며 협동학습 활동에 참여한다. 개별학습과 협동학습의 조화를 통해 수학적 잠재력을 실현하기에 더욱 좋은 기회를 제공한다.

수학 프로그램에서는 능동적 학습을 강조한다. 즉, 학생들이 수학적 토론, 증명, 반증의 탐색 과정을 거치는 동안 개별적인 지식을 구성한다. 학습자의 능동적 참여를 이끌어내기 위해 교육의 우선순위를 조정할 필요가 있는데, 새로운 주제를 학습하거나 새로운 해결책을 실행할 때는 개념을 우선적으로 다루지만 기존의 방식이나 이미 알려진 개념을 실행할 때는 엄밀한 증명이나 정답을 우선시할 수 있다. 학생들이 수학의 복잡한 문제와 아이디어를 탐색할 기회를 갖도록 과학기술적 도구와 환경을 폭넓게 활용한다.

<표 6> 여러 나라의 초등수학 특징 비교

국가	각국의 초등수학 특징
한국	수학 개념, 원리·법칙에 대한 명확한 이해 촉구와 창의성 신장을 위한 교육을 권장함
미국	수직적 도구에 의한 수준 상승의 원리 적용과 학생의 창작 활동을 통한 반성적 사고의 촉진을 교육함
일본	학생 스스로 체험적 활동을 통해 수량 감각을 익히고 그 의미를 깨닫도록 하며, 즐거운 수학 교육이 되도록 학습 환경을 조성함
영국	수학 학습을 통해 아이디어와 방법을 정확하고 명확하며 간결하게 의사소통할 수 있는 능력을 기르고, 수학에 대한 지식·기능·이해를 사용함
중국	수학은 전체 내용 체계를 고려하여 내용을 정선하고, 통합하고, 심화시켜 교재를 재구성하였다. 중복된 내용을 제거하고, 기본 개념과 수관계를 중시함
인도	대수학 분야가 특히 발전하여 일차방정식, 이차방정식, 부정방정식의 해법을 알아냈고, 수학의 힘으로 IT 및 우주·핵 기술의 발달을 도모함
이스라엘	수학 프로그램은 잠재능력 발현에 충실하지만 능력, 동기, 신념 그리고 다양한 학습 기회와 경험의 결합을 지향함

출처: 창의사고력연구소(2008).

7. 한국, 미국, 일본의 초등수학 개념지도 비교

일본의 교과서는 검인정제도를 채택함으로서 출판사들의 내용 영역은 대체로 수와 계산, 양과 측정, 도형, 수량관계, 문장제의 5개 영역으로 나누고 있어서 수학의 개념 내용 면에서는 특별한 차이가 없으나 다만 개념의 접근 방법에서 출판사마다 약간의 차이점이 있다. 미국도 검인정제도를 채택하고 있어서 주별로 또 학교별로 서로 다른 여러 가지 초등 교재를 사용하고 있어서 획일적이지 않다. 1988년 미국수학교사협의회(NCTM)는 학교수학의 질을 향상시키기 위하여 미국 학교수학의 교육 과정(K-12)과 학생의 성취도 평가와 관련된 일련의 규준(set of standards)을 발표하였다. 여기에서는 k-4학년의 경우 초등수학의 영역을 수, 연산과 계산, 기하와 측도, 확률과 통계, 규칙성과 관계, 문제해결의 영역으로 분류하고 있다(강경애 외, 1996: 31-34).

〈표 7〉 한국, 미국, 일본의 초등수학 개념지도의 내용 비교

영역	국가	6학년 내용
수	한국	-거듭제곱, 십진 기수전개, 음의 정수
	미국	-벤다이어그램, 음의 정수, 역수, 분수, 소수의 대소
	일본	-역수, 정수, 소수와 분수의 관계
연산	한국	-제수가 소수, 분수인 나눗셈, 곱셈, 수판셈, 유리수 혼합산, 정수의 덧셈
	미국	-실생활 문제, 방정식 계산, 부등식
	일본	-정수, 분수, 소수의 승제산, 소수와 분수의 혼합산
도형	한국	-정다각형, 원주, 부채꼴, 확대도, 닮은비, 기둥, 뿔, 회전체의 성질
	미국	-각의 등분, 예각, 둔각, 선대칭 도형, 방안지, 포함관계
	일본	-기둥, 뿔, 대칭, 축도, 확대도, 밑면, 옆면, 투영도, 평면도
측도	한국	-원주율, 부채꼴 입체도형의 겉넓이, 부피, 축척 활용, 속도, 밀도
	미국	-축도, 개산, 일상의 측정단위, 부피, 들이관계
	일본	-기둥, 뿔, 체적, 표면적, a. ha, mg, t, 간접측정
관계	한국	-비율그래프, 경우의 수, 확률, 비례, 연비, 농도, 퍼즐, 문제해결
	미국	-비, 비율, 독립사건, 경우의 수, 조합, 수형도
	일본	-(반)비례식, 도수분포표, 경우의 수, 자료의 산포, 비율그래프

출처: 강경애 외(1996: 31-34).

제 8 장

선행연구

1. 수학 개념원리 교육의 역사

역사적으로 수학에 대한 주요 접근법은 2가지가 있는데, 이는 공리적 방법과 발생학적 방법이다. 공리적 방법은 B.C. 330년경에 저술된 에우클레이데스의 기하학 원본(Stoicheia)에까지 거슬러 올라가며, 학생들이 즉시 납득할 수 있도록 제안된 공준들의 집합으로 시작된다. 납득할 수 있도록 제안된 일련의 단순한 단계들에 의해 학생들은 다른 명제가 참이라는 것을 받아들이게 된다. 에우클레이데스는 연역법에 관한 자신의 접근법을 세웠으며, 이것은 이보다 2세기 앞서 피타고라스에 의해 시작된 것이다.

에우클레이데스는 점·선·면과 같은 기본 용어 또는 기본 개념의 도입으로 시작하여, 이들의 용어에 관한 어떤 원시명제 또는 공준을 주장했다. 그 뒤 그는 공준으로부터 피타고라스 정리(定理)인 "직각삼각형의 빗변이 아닌 다른 2변에 의해 작도된 정사각형 넓이의 합은 빗변으로 작도된 정사각형의 넓이와 같다"와 같은 '정리'라고 하는 더 발전된 명제들을 이끌어냈다.

공리적 방법은 공간이 굽어 있다는 이른바 비(非)유클리드 기하학의 기초가 된다. 가장 논란이 많았던 에우클레이데스의 공준 가운데 하나는 평행선 공준인데, 이 공준은 "직선 L 위에 있지 않은 점 P를 지나고 직선 L에 평행한 직선은 단 하나밖에 그릴 수 없다"라고 하는 정리의 기초가 된다. "평면 위의 한 점을 지나며, 그 점을 지나지 않는 직선과 만나지 않는 서로 다른 직선을 최소한 2개 이상 그릴 수 있다"는 또 다른 평행선 공준들을 바탕으로 하여 다른 기하학을 만들 수 있음이 판명되었다. 결론적으로 에우클레이데스는 자신의 기하학으로 물리적 공간에 대한 실제적인 묘사가 가능하다고 보았지만, 그것은 단지 공리적 방법을 통해 전개될 수 있는 공간에 대한 또 다른 가능한 여러 가지 수학적 모형(模型) 가운데 하나일 뿐이다.

공리적 방법으로 만들 수 있는 여러 기하학들은 그 방법의 가치에 대해 의문을 제기할 것이다. 다른 기본 원시명제들을 바탕으로 하는 정리들의 전체집합을 만들 수 있는데, 이러한 모든 명제들의 증명 또는 반증은 불가능하기 때문에 모든 정리들이 타당한 것으로 보일 수 있다. 그러나 이 접근법에 대한 효과는 그것이 만드는 결과에 있는 것이 아니라 연역법에 대한 응용에 있다. 즉, 정리들이 원시명제를 바탕으로 한다는 이 방법은 중요한 논리적 · 수학적 장점 중 하나이다.

공리적 방법을 보완하는 것으로 발생학적 방법이 있다. 이것은 독일의 수학자 다비드 힐베르트가 이름을 붙였으며, 수의 체계를 도입하기 위해 종종 사용된다. 예를 들면 0과 자연수 1, 2, ……은 첫 번째 대상 0에서 시작하여 여기에다 2번째 대상을 만들기 위해 정수 1을 더하고, 이 2번째 대상에 1을 더하여 3번째 대상을 만드는 식으로 계속 생성되는 대상들로서 발생학적으로 기술될 수 있다. 일반적으로 발생학적 방법은 수학적인 대상들을 질서정연하게 이끌어내기 위해 사용된다. 즉, 대상들의 계가 갖는 성질을 표현하는 정리들은 연역법을 바탕으로 한다.

발생학적 방법은 무한한 대상들의 집합들을 비교할 때 매우 유용하며, 이것은 원소수(元素數)의 개념을 도입한 독일의 수학자 게오르크 칸토어에 의해 19세기 말에 제안되었다. 만일 두 집합이 1:1 대응이라면, 이 두 집합은 원소수가 같다고 말한다. 예를 들면 양의 정수 1, 2, 3, ……, 양의 정수의 제곱 1, 4, 9, ……, 그리고 정수 ……, -2, -1, 0, 1, 2, ……은 원소수가 모두 같다. 무한대는 단순한 개념이 아니라는 것을 증명함으로써, 칸토어의 연구는 수학의 범위를 넓혔으며, 이 분야의 일반적인 기초에 대한 관심을 증가시켰다.

그러나 칸토어의 방법에서 역설(逆說)이 계속 발견되자 수학기초론에 위기가 닥쳤다. 10년 동안의 연구에서 칸토어는 집합들의 자기묘사로부터 역설들이 생겨남을 알게 되었다. 그것들은 언어학적 역설인 '내가 지금 말하고 있는 것은 거짓말이다'와 비슷한 역설이다. 이 문제에 대해 많은 연구가 이루어졌지만, 단순히 모두가 동의할 수 있는 허구를 지적함으로써 역설을 해결할 수는 없었다. 1905년경 프랑스의 수학자 앙리 푸앵카레와 영국의 수학자 버트런드 러셀은 역설에 대한 설명을 정의의 순환에서 찾을 수 있다고 주장했다.

또한 어떤 집합 안에 있는 대상은 단지 그 집합을 참조함으로써 정의된다는 비가술적(非可述的) 정의를 가능하면 사용하지 말아야 한다고 주장했다. 그러나 불행히도 그렇게 하는 것이 불가능할 때가 있으며, 독일 태생 미국의 수학자이자 물리학자인 헤르만 바일은 자신의 저서인 『연속체(Das Kontinuum)』(1918)에서 "그렇게 하는 것은 종종 바람직하지 않다"고 지적했다.

20세기 초 수학기초론에 대한 위기를 설명하고 해결하기 위해 3가지 사상이 생겨났다. 첫째, 논리주의는 모든 수학 개념을 추상적인 개념으로 바꿀 수 있고 수학이 기본 논리원리에서 유도될 수 있음을 증명하려고 했다. 둘째, 형식주의는 수학이 단순히 규정된 규칙에 따르는 유한개의 기호배열을 다루는 것이라고 주장했다. 셋째, 직관주의는 수학을 자명한 법칙에 따르는 구성개념을 다루는 자립적인 지적 활동이라고 생각했다. 이러한 3가지 사상은 각각 러셀, 힐베르트, 그리고 네덜란드의 수학자 L. E. J. 브로우웨르에 의해 주도되었다. 각자는 수학에 대한 다소 전통적인 견해를 나타내고 있으며, 아무도 역설을 해결하기 위한 완전한 방법을 제시하지는 못했다.

1930년대에는 오스트리아의 논리학자 쿠르트 괴델과 영국의 수학자 앨런 튜링의 독창적인 연구로 이 3가지 사상에서 벗어나 논쟁이 확대되었다. 괴델의 정리란 '형식적 공리계는 그 공리 자체와 그것의 부정 어느 것도 증명될 수 없다는 하나의 명제를 포함하고 있어야 한다'는 것이다. 결론적으로 그 계에 대한 어떤 무모순성 증명은 그 계 자체보다 뛰어난 개념들과 방법들을 사용해야 한다.

Piaget는 수학적 지식을 스스로의 구성으로 획득될 수 있는 물리적 개념과 논리 수학적 개념으로 분류된다고 하였다. 각 대상이 갖는 공통성을 추상화하여 경험적인 추상화를 획득할 수 있는 것이 물리적 개념이며, 대상을 다루는 인식 주체가 행동의 공통성을 추상화하는 반영적 추상화를 통하여 획득할 수 있는 것을 논리 수학적 개념이라 하였다.

따라서 이 연구에서는 Piaget의 수학적 개념에 동의하면서 개념원리 지도를 통한 창의성, 사고력, 문제해결에 관한 선행 연구물을 다음과 같이 정리해 보았다.

2. 수학 개념원리 선행연구

강경애와 이의원(1996)은 "초등학교 수학 개념과 그 구조에 관한 소고" 연구에서 초등수학은 학생으로 하여금 수학의 기초, 기본적인 지식과 기능을 습득하고 이를 바탕으로 일상생활의 여러 가지 문제를 수량적인 관점에서 이해하고 해결할 수 있는 능력을 기르는 것을 그 목표로 한다. 이때 개념의 습득 변인은 학생의 능력, 수학의 개념 수준 및 이 양자를 매개하는 환경의 세 가지 측면에서 접근할 수 있다고 하였다. 이 연구는 세 가지 중에서 단지 수학적인 측면만을 초점으로 하여 초등수학의 개념구조를 현대수학적인 관점에서 살펴보고 현행 초등수학의 개념 내용을 분석, 미국, 일본의 초등수학을 학년별로 비교한 것이다.

김남희(1997)는 "변수 개념의 교수학적 분석 및 학습–지도 방향 탐색" 연구에서 학생들의 '개념적 이해'를 위한 학습지도 방안을 모색하였다. 수학 학습에서 변수 개념이 차지하는 중요성에도 불구하고 변수 개념에 대한 학생들의 개념적 지식이 결여되어 있음을 밝히고 있다. 대수 학습에서 무엇보다 중요한 것은 산술적 사고에서의 '경험적 사고'와 대비되는 변수의 개념과 식의 동치 변형에 대한 '논리적 사고'이다. 변수는 산술에서 대수로의 전이를 위한 기초가 되며 수많은 수학적 아이디어들을 이해하기 위한 토대가 된다. 변수 사용으로 인해 생기는 위력이 대단히 큼에도 불구하고, 그리고 수학에서 변수가 상당히 많이 다루어지고 있음에도 불구하고 학생들은 그 의미에 대한 고려 없이 변수를 형식적 조작의 대상으로 다루고 있다는 연구의 결과들은 그동안 학교수학에서 이루어져온 변수 개념지도에 문제점이 크다는 것을 지적하고 있다. 그것은 상이한 심층구조를 가지는 변수의 다양한 의미를 가린 채 변수를 표층적 차원에서 도입하여 주로 해답 찾기를 위한 알고리즘 과정의 기호 조작으로서 다루고 있다는 지적이다.

박선화(1998)는 "수학적 극한 개념의 이해에 관한 연구"에서 개념을 이해한다는 것은 그 개념을 자신의 기존의 인지 구조에 동화시키거나 또는 자신의 기존의 인지 구조를 조절함으로써 적절한 관계망을 형성하는 것으로 교사가 지식을 주입함으로써 이해가 일어나도록 강요할 수 있는 것이 아니다. 교사는 단지 학생들이 이해하도록 도와줄 수 있을 뿐이다. 따라서 학생들의 수학적 개념의 이해를 돕기 위해서는 먼저 학생들이 수학적 개념을 이해하는 데에 어려움을 겪는 원인이 무엇인지를 밝히는 연구가 필요하다고 하였다. 학생들이 극한 개념을 이해하는 데에 어려움을 겪게 되는 주된 원인을 인지적 장애에 의한 것으로 보고, 먼저 극한 개념의 제 측면과 극한 개념에 대한 인지적 장애 요소를 분석하고 극한 개념 지도의 개선을 위한 방안을 이끌어내기 위한 이론적 분석을 시도하였다. 그리고 그러한 기초 위에서 극한 개념에 대한 인지적 장애 및 극한 개념 이해에 영향을 주는 주요 요인을 분석하였으며, 교수학적 시사점을 찾아보았다.

조윤동(2002)은 "비고츠키 이론의 수학교육적 적용에 관한 연구"에서 실제 개념이면서도 인위적 개념과 같은 방식으로 형성되는 개념들은 내면화를 거쳐 이해하게 된다. 이때 중재 수단이 중요한 역할을 하게 된다. 이러한 수단의 도움을 받으며 학생들은 스스로 할 수 있는 것 이상을 할 수 있다는 것이 비고츠키의 주장이다. 따라서 교사는 학생들에게 적절한 근접발달영역을 설정하고 그 영역에서 수학 지식을 효과적으로 학습할 수 있도록 중제수단을 사용해야 한다. 수학개념을 사용하는 데 있어서, 상위 개념과 하위 개념은 변증법적으로 상호작용하는 데, 상위 개념에 의해 하위 개념이 포섭되면서 전면적인 이해가 따르게 된다. 다시 말해서 낮은 차원의 개념을 완전히 이해하고 나야 그다음 개념을 이해할 수 있는 것이 아니다. 비고츠키의 이론이 수학교육에서 구현될 때 어떤 특징이 있으며, 다른 관점이 제공하는 수학교육 이론과 어떻게 다른가 하는 것을 다루었다.

이창주(2002)는 "수학의 기본 개념과 원리의 이해 및 적용에 적절한 수학적 모델설정에 관한 연구"에서 수학의 기본적인 개념이나 원리 법칙을 이해하고 표현하는 데 핵심적인 역할을 하는 수학적 모델 설정의 원칙을 학생의 수준, 수학의 개념구조의 특성을 중심으로 모색하였다. 학교 현장에서 실제로 지도할 때 교과서나 익힘책에 전적으로 의존하는 경우가 대부분이다. 그러나 이들에 제시된 모델들이 모든 지역의 학생들의 수준이나 특성을 충분히 고려하여 반영하였다고 보기는 어렵다. 교사는 지도 대상의 여건에 따라 이 연구에서 모색해본 원칙에 충실하고 또 적절한 모델을 설정하여 지도함으로써 수학적 사고력, 창의적 사고력 신장에 기여할 수 있을 것으로 기대하였다.

김보영(2003)은 "초등수학에서 쓰기 활동이 수학적 개념 이해 및 의사소통 능력에 미치는 영향"이라는 초등수학 연구에서 쓰기 활동의 적용이 개념의 이해 및 문장제 문제해결력과 수학적 의사소통의 쓰기 능력(개념 설명 쓰기 능력, 문제해결 과정 쓰기 능력)에 미치는 영향을 알아보는 데 그 목적이 있었으며, 실험집단 학생들에게는 수학 수업의 마지막 정리단계에서 쓰기 활동을 실시하였고, 통제집단 학생들에게는 쓰기활동을 실시하지 않았다. 그 결과 수학적 개념 이해에 있어서 실험집단과 통제집단 간에 통계적으로 유의미한 차이가 나타나지 않았으나 문장제 문제해결력에 있어서는 두 집단 간에 통계적으로 유의미한 차이가 나타났다. 또한 사후 문장제 문제해결 검사를 통해서도 실험집단 학생들이 통제집단 학생들보다 더 다양한 문제해결 전략을 시도하는 것을 볼 수 있었다. 또한 개념 설명 쓰기 능력에 있어서 두 집단 간에 통계적으로 유의미한 차이가 나타나지 않았다. 하지만 수학 내용 영역별(수와 연산, 측정, 도형 영역)로 개념 설명 쓰기 능력을 분석한 결과 도형영역에서는 개념 설명 쓰기 능력에 긍정적인 효과가 나타났다. 또한 문제해결 과정 쓰기 능력에서도 두 집단 간에 통계적으로 유의미한 차이가 나타났다.

고호경(2003)은 "그래핑 계산기를 활용한 협동학습을 통해 수학적 개념 발달과정에서 나타난 학생들의 언어적·사회적 상호작용에 관한 사례연구"의 예비 연구에서는 사회적 구성주의를 바탕으로 한 문헌연구를 통해 작성된 분석틀을 보완하고 재구성하여 연구를 위한 분석틀을 새로이 개발하였다. 이렇게 확정된 분석틀은 크게 세 영역으로 구분하였다. 그래핑 계산기를 사용한 환경에서의 언어적 상호작용이 어떠한 양상을 띠는지를 파악하기 위한 '지식 구성 요소'와 상호작용에 있어서 역동적인 측면과 전체적인 정보를 수집하기 위한 '사회적 상호작용 요소', 그리고 마지막으로 학생들의 개념형성에 도움을 주는 안내자로서 교사의 역할과 그에 따른 학생들의 반응을 조사하기 위한 '교사의 교육어 구성 요소'로 구성되었다. 오류에 쉽게 노출되는 부진아를 지도할 경우에는 협동 학습을 하는 중에서도 교사의 중요성이 더욱 대두되었다. 학생들이 적절한 표상을 인식하고 연결해 나갈 수 있도록 유도하는 데 있어서 지식 확인과 오류 원인 확인 진술이 가장 많이 나타났으며, 확정적 사고를 위해서는 안내하기와 단서제시 진술의 필요성이 요구되었다. 도구로써 계산기 활용은 시각적 도구, 분석적 도구, 조절적 도구의 순으로 발달하였고, 익숙도에 따른 특성으로는 덜 성숙된 조작 단계에서 성숙된 조작단계 그리고 마지막으로는 익숙한 조작단계로 특징지을 수 있었다. 또한 그래핑 계산기 사용 시 시각적인 도구로만 사용하거나 잘못된 개념 이미지로 인해 오히려 학생의 상호작용 활동을 방해할 수도 있으므로 주의를 요하는 부분이 제시되었다.

김화수(2004)는 "스키마를 이용한 수학 학습에서 학생의 수학적 개념 구성 과정에 대한 연구"에서 일차적 개념이 이차적 개념으로 발달할 때, 정확한 개념에 대한 인지와 스키마(schema) 그리고 이때, 일차적 개념끼리의 연결에 의한 이차적 개념의 형성(이차적 스키마의 형성)보다는 정확한 일차적 개념에 대한 인지로 인해서 만들어지는 변형된 스키마의 형성과 연결이 이차적 개념으로 발달할 때, 무엇보다도 중요한 역할을 하는 것을 볼 수 있었고, 상위수준의 수학 내용에 접근해 나갈 때, 이미 경험한 일차적 개념이나 이차적 개념들의 결합으로 형성된 스키마(삼차적 개념)와 변형된 스키마를 사용하여 상위수준의 문제들을 여러 가지 방법으로 해결해나가는 것을 볼 수 있었다. 그리고 문장제 문제를 해결할 때, 처음에는 몇몇 일차적 개념들의 결합으로 형성된 스키마(이차적 개념)와 변형된 스키마의 사용으로 문제를 해결했지만, 횟수를 거듭할수록 이전 내용에서 이미 형성된 이차적 개념들을 바탕으로 일차적 개념 또는 다른 이차적 개념들과 결합하여(상위단계의 개념을 형성하여) 형성된 스키마와 변형된 스키마를 사용하여 새로운 방법으로 문제해결에 접근해 나가는 것을 발견할 수 있었다. 이와 같이 변형된 스키마는 수학문제를 여러 가지 방법으로 해결해나가는 데 도움을 줄 뿐만 아니라 기존의 스키마에 대한 관계적 이해와 재구성을 가능하게 함으로써 학생들로 하여금 수학에 대한 흥미와 필요성, 그리고 다양성을 스스로 깨닫게 하는 데 중요한 역할을 하였다.

황동주(2005)는 "수학 영재 판별의 타당도 향성을 위한 수학 창의성 및 문제해결력 검사 개발과 채점 방법에 관한 연구"에서 수학 영재성을 인지적인 요인, 정의적인 요인, 환경적인 요인의 상호작용으로 정의하고 수학 영재 행동 특성을 조사하여 요인 분석을 한 후 밝혀진 특성은 일반적인 수학 정신 능력(GMA), 수학적 능력(MA), 수학과 연결성(MC), 정보 수집과 처리 능력(POMI), 과제 집착력(TC), 의사소통 능력(CA), 독립성(I), 수학태도(MA)라고 하였다.

이광상(2005)은 "엑셀을 통한 일차함수의 과정 – 대상관점 형성" 연구에서 학생들이 식을 만들고 표와 그래프를 나타내면서 그 변화를 상당히 흥미롭게 탐구하였다. 교수실험이 진행될수록 학생들은 식, 표, 그래프를 동시에 관찰하는 것에 익숙해졌고, 귀납적인 관찰을 통해 일반적인 규칙을 발견하려는 성향을 보였다. 이런 교수실험 결과는 엑셀을 활용한 탐구학습 환경이 지필환경을 보완할 수 있음을 시사한다. 직관적, 역동적, 탐구적인 기능을 가지고 있는 엑셀은 초등학생의 과정 – 대상관점 형성을 지원해주는 비계(scaffolding)역할을 수행할 수 있을 것으로 판단된다.

Klein은 "함수 개념은 단순히 하나의 수학적 방법이 아니라 수학적 사고의 심장이요 혼이다"라고 하면서 함수 개념이 학교 수학의 중심 관념이 되어야 한다고 주장하였다. 이는 함수적 사고는 대수와 기하를 관련지어주고 응용수학을 포함하여 수학적 사고 전체의 바탕에 놓여 있는 기본적인 핵심적 관점이라는 판단에서 비롯된 것이다. 제7차 교육 과정에서도 함수적 사고는 학생들이 미래 사회의 일원으로서 살아가는 데 그 소양으로 필요한 경우가 많으므로 함수에 관한 학습은 큰 의의를 가질 뿐만 아니라 수학의 여러 가지 분야에서 중요한 역할을 하게 됨을 강조하고 있다.

유진호(2005)는 "초등학교 수학에서 연산지도에 관한 연구"에서 초등학교는 수 연산을 지도할 때 지엽적인 연산 방법만을 지도할 것이 아니라 연산법칙의 개념을 자연스러운 경험을 통하여 이해하고 활용하도록 지도해야만 한다는 것을 제시하였다. 개념을 형성하기 위해서는 공통점이 있는 여러 개의 경험이 필요하며, 그 경험으로부터 유사성을 인식하여 추상화의 단계에 이르도록 해야 한다는 이론은 도움이 될 수 있을 것이다.

손홍찬(2006)은 "스프레트시트를 활용한 수학적 모델링 활동에서의 수학적 발견과 정당화" 연구에서 스프레트시트를 활용한 수학적 모델링 활동은 학생이 수학의 발달 초기에서 중요한 역할을 해온 수학적 사실의 귀납적 추측과 발견을 경험하고, 기존 지식을 보다 깊이 이해하고 새로운 수학적 개념을 획득하는 데 중요한 역할을 하는 것을 볼 수 있다. 이것은 학생에게 수학 지식의 생성 배경을 일깨워줘 형식적이고 추상적인 수학을 대할 때 갖는 당혹감과 거부감을 덜어

줄 수 있고, 수학 개념이 가지는 내적 의미를 깊이 인식할 수 있는 기회를 아울러 제공할 수 있음을 시사한다. 이러한 긍정적인 측면에도 불구하고 모델링 활동을 통한 수학 교육은 기존의 전통적인 교육 방식에 비추어 수학적 개념의 위계를 세우기가 어렵다는 단점이 있다. 따라서 이를 극복하기 위해 교육 과정을 어떻게 구성하고 배열할 것인가에 대한 연구가 더욱 필요하다.

위의 선행 연구를 분석한 결과 초등학교 6학년의 수학 개념원리를 중심으로 교수자료를 활용하여 학습 자료를 구안하여, 설문지를 분석하였으며, 연구에 도움을 주는 시사점은 다음과 같다.

첫째, 학생들 사이에 나타나는 수학능력 수준과 정의적 특성은 매우 다양하게 나타났으며, 잠재되어 있는 능력을 최대한 계발하여 신장시키고, 다양한 교수-학습 자료가 제공되어야 한다.

둘째, 수학 개념원리 지도를 통한 교수-학습이 수행됨에 따라 개인별 능력의 차이가 나타나고 있는데, 이러한 상황에 대처할 수 있도록 만들어진 수준별 교수-학습 자료가 부족하고, 아울러 학생들을 적절하게 지도할 수 있는 지도교사의 지도 능력 연찬(研鑽)의 필요성이 절실하다.

위와 같은 선행연구를 요약하면 다음과 같다.

연구자	제목 및 연구내용	발표기관
강경애 (1996)	<u>초등학교 수학 개념과 그 구조에 관한 소고</u> -수학의 기초, 기본적인 지식과 기능을 습득함 -일상생활의 여러 가지 문제를 수량적인 관점에서 이해함 -개념의 습득 변인은 학생의 능력, 수학의 개념 수준 및 이 양자를 매개하는 환경의 세 가지 측면에서 접근함	대구교육대학교 학술연구논문
김남희 (1997)	<u>변수 개념의 교수학적 분석 및</u> <u>학습-지도 방향 탐색</u> -'개념적 이해'를 위한 학습지도 방안을 모색함 -변수 개념에 대한 학생들의 개념적 지식이 결여됨 -개념과 식의 동치 변형에 대한 '논리적 사고'가 창출됨	서울대학교 대학원 박사학위논문
박선화 (1998)	<u>수학적 극한 개념의 이해에 관한 연구</u> -수학적 개념을 이해하는 데에 어려움을 겪는 원인임 -극한 개념에 대한 인지적 장애 요소를 분석함 -극한 개념 지도의 개선을 위한 방안을 모색함	서울대학교 대학원 박사학위논문
조윤동 (2002)	<u>비고츠키 이론의 수학교육적 적용에 관한 연구</u> -학생들에게 적절한 근접발달영역을 설정함 -수학 지식을 효과적으로 학습할 수 있도록 활용함 -하위 개념이 포섭되면서 전면적인 이해	한국교원대학교 대학원 박사학위논문
이창주 (2002)	<u>수학의 기본 개념과 원리의 이해 및 적용에 적절한 수학적</u> <u>모델설정에 관한 연구</u> -수학의 개념구조의 특성을 중심으로 모색함 -교과서나 익힘책에 전적으로 의존함 -수학적 사고력, 창의적 사고력 신장에 기여함	공주교육대학교 연구논문
김보영 (2003)	<u>초등수학에서 쓰기 활동이 수학적 개념 이해 및 의사소통 능</u> <u>력에 미치는 영향</u> -수학적 개념 이해에 있어서 유의미한 차이가 나타남 -도형영역의 개념 설명 쓰기 능력에 긍정적인 효과임 -문제해결 과정과 쓰기 능력에서 집단 간 차이가 있음	교육과학 연구논문
고호경 (2003)	<u>그래핑 계산기를 활용한 협동학습을 통해 수학적 개념 발달</u> <u>과정에서 나타난 학생들의 언어적·사회적 상호작용에 관한</u> <u>사례연구</u> -지식 확인과 오류 원인 확인 진술이 가장 많이 나타남 -확정적 사고를 위해서는 안내하기와 단서제시가 필요함 -시각적 도구, 분석적 도구, 조절적 도구의 순으로 발달함	단국대학교 대학원 박사학위논문
김화수 (2004)	<u>스키마를 이용한 수학 학습에서 학생의 수학적 개념 구성 과</u> <u>정에 대한 연구</u> -변형된 스키마는 수학문제를 여러 가지 방법으로 해결함 -스키마에 대한 관계적 이해와 재구성이 필요함 -다양성을 스스로 깨닫게 하는 데 중요한 역할을 함	단국대학교 대학원 박사학위논문

이광상 (2005)	**엑셀을 통한 일차함수의 과정 - 대상관점 형성** -식, 표, 그래프를 동시에 관찰하는 것에 익숙함 -귀납적인 관찰을 통해 일반적인 규칙을 발견함 -과정과 대상관점 형성을 지원해주는 역할을 수행함	한국교원대학교대학원 박사학위논문
유진호 (2005)	**초등학교 수학에서 연산지도에 관한 연구** -연산법칙의 개념을 자연스러운 경험을 통하여 이해함 -경험으로부터 유사성을 인식함 -공통점이 있는 여러 개의 경험이 필요함	단국대학교 대학원 박사학위논문
황동주 (2005)	**수학 영재 판별의 타당도 향성을 위한 수학 창의성 및 문제 해결력 검사 개발과 채점 방법에 관한 연구** -인지적, 정의적, 환경적인 요인의 상호작용이 필요함 -수학 영재 행동 특성을 조사하여 요인 분석함 -수학 정신 능력(GMA), 수학적 능력(MA) 등을 연구함	단국대학교 대학원 박사학위논문
손흥찬 (2006)	**스프레트시트를 활용한 수학적 모델링 활동에서의 수학적 발견과 정당화** -모델링 활동은 수학의 발달 초기에서 중요한 역할을 함 -수학적 사실의 귀납적 추측과 발견을 경험함 -기존 지식을 깊이 이해하고 새로운 수학 개념 형성함	한국교원대학교대학원 박사학위논문

제 **9** 장

개념원리 향상의
성취요인 분석

1. 연구의 대상

(1) 예비 연구 대상

이 연구에서는 기존의 수학 관련 검사 도구의 문제점을 국제영재 교육연구회와 공동으로 분석하여 신뢰도, 난이도, 적합도, 변별도를 알아보았다. 제1차 예비연구를 M초등학교 6학년 153명을 대상으로 수학 창의성 검사를 실시(2009. 3. 6.~2010. 2. 19.)하였다. 제2차 예비 연구인 수학 사고력, 수학문제해결력, 수학 창의성, 수학능력 검사는 경기도 고양시에 위치한 S초등학교 6학년 159명을 대상으로 실시 (2009. 3. 6.~2010. 2. 19.)하였다.

(2) 개념원리 연구 대상

이 연구는 초등학교 6학년의 수학 개념원리 지도를 통한 아동의 문제해결력 향상 방안을 제고하고, 유용한 준거 지표를 도출하는 데

연구의 목적이 있다. 또한 지난 20여 년간 초등학교 5, 6학년 담임과 창의사고력연구소를 운영하면서 지적되어온 수학교육의 모순을 찾고, 다양하게 야기되는 수학교육 문제를 최소한으로 줄이며, 개개인이 지닌 수학 잠재력을 최대한 발휘할 수 있는 대안 모색을 위해 연구하고자 하였다.

연구 대상은 K시에 위치한 Y초등학교(연구반), H초등학교(비교반) 6학년이며 학교장과 담임교사의 동의를 얻어 선정된 10개 학급(N=320)으로서, 이들을 연구반(N=160), 비교집단(N=160)에 각각 5학급씩으로 배정하였다.

〈표 9〉 예비연구 및 연구 대상

순	연구	차수	학교명	학년	인원	비고	기간
1	예비	1차	M초등	6	153	수학 창의성	2009.3.6.~2010.2.19.
2	연구	2차	S초등	6	159	사고력, 문제해결력, 창의성, 능력	2009.3.6.~2010.2.19.
3	사전	1차	Y초등	6	87	수학 개념원리	2009.3.6.~2010.2.19.
4	연구	2차	N초등	6	53	수학 개념원리	2009.3.6.~2010.2.19.
5	개념원리		Y초등	6	160	창의성, 문제해결력, 개념원리, 학습능력, 성취요인	2009.3.6.~2011.2.25.
6	연구대상		H초등	6	160	창의성, 문제해결력, 개념원리, 학습능력, 성취요인	2009.3.6.~2011.2.25.
합계					772명		

(3) 연구 설계

이 연구의 설계는 수학 개념원리 관련 문헌과 국제영재교육연구회의 세미나 및 협의 연구를 통해 다음과 같은 연구 모형을 갖게 되었다.

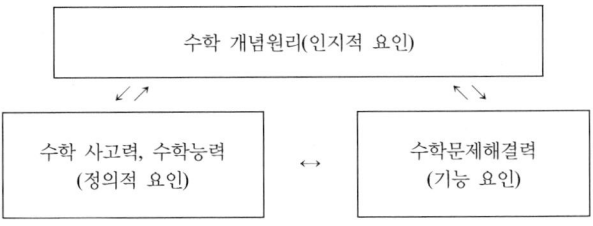

〈그림 6〉 연구 모형

　수학능력 판별 도구인 인지적인 요인(수학 개념원리), 정의적인 요
인(수학 사고력, 수학능력)과 수학문제해결력의 관계에 대하여 알아
보기 위해 연구 모형을 설정하였다. 인지적인 요인은 수학 개념원리
로 정의적인 요인은 수학 사고력과 수학능력으로 분류하고, 수학문제
해결력은 국제영재교육연구회에서 개발한 자료로 분류하여 관계를
분석하였다.

(4) 연구 절차

　① 문헌 연구
　이 연구에서 참고한 문헌은 수학 개념원리의 정의, 수학 사고력,
수학 창의성, 수학능력, 수학문제해결력, 초등학교 6학년의 특성 등과
관련된 자료를 기반으로 하였다. 이 문헌의 형태는 저서, 간행물, 박
사학위 논문, 수학교육자료, 연수자료, 참고서 자료, 설문, 수행평가
등이다. 이러한 문헌을 통하여 초등학생의 수학 개념원리 지도를 통한

창의, 사고, 해결력 변화자료 및 측정에 관한 시사점을 도출하였다.

② 현장 연구

예비 검사 문항의 양호도 분석과 검사 도구의 양호도를 분석하였고, 규준 작성을 위해 현장 적용을 실시하여 2008년 12월에 검사를 위한 현장연구를 하였다.

③ 절차

이 연구에서 초등학생의 수학 개념원리 지도를 통한 창의, 사고, 해결력 변화를 연구하기 위해 다음과 같은 절차를 따랐다.

수학능력 측정 변인 규정→수학 개념원리 정의 규정→검사 문항 제작→검사 내용의 타당도 검증→예비검사 실시→문항 분석과 검사 도구의 타당도, 신뢰도 검증→문항 수정, 보완→검사도구 완성→검사 실시→검사도구의 타당도 및 신뢰도 검증 등이다.

2. 측정 도구

(1) 수학 창의성 검사 설문지

창의성을 이끄는 인지요소를 검사하는 방식으로 Guilford의 확산적 사고 검사와 Torrance의 TTCT(Test of Creative Thinking)이다. TTCT는 언어검사와 도형검사로 이루어져 있으며, 이 검사 하위검사 예로서 한 상황에서 일어나는 모든 질문을 기록하기, 주어진 도구로 사용 방법의 개선, 어떤 도구의 용도 진술하기, 검사 결과는 반응의 양을 유창성, 반응 유형의 양을 유연성, 반응의 신기성을 독창성, 반응의 세련성을 정교성 등으로 정의하고 있다(김연중, 2009: 16). 창의성 검사에 대한 신뢰도는 .34~.99로 알려져 있고, 타당도는 .22~.76으로 알려져 있다. 이 검사는 성인이 되었을 때 창의성을 가질 수 있는 개연성을 미리 확인하는 검사도구로 상관계수는 .51이다(유윤재, 2007: 44).

(2) 수학 사고력 검사 설문지

이 연구에서 사고력은 '수학을 생각하는 능력'을 의미하며, 이것은 학생이 소유하고 있는 정신 능력을 총칭하는 것이다. 즉, 어떤 문제 사태나 과제 또는 대상에 직면했을 때 발휘하는 능력이라 볼 수 있다. 이러한 사고력은 능력의 범주에 속한다고 볼 수 있기 때문에 지도를 통해 그 능력을 신장시킬 수 있다. 사고력은 타고난 능력이라기보다는 지도의 과정을 통하여 길러지는 능력이기 때문에 지도의 중요성이 강조된다(신헌재, 2007: 42). 초등학생의 사고력 상태를 측정하고자 국제영재교육연구회(2008)의 자료를 기초로 연구의 목적에 맞도록 수정·보완하여 활용하였다. 이 척도는 총 12개 문항으로 구성되어 있다. 전체 신뢰도는 Cronbach의 알파계수가 .725이고, 각 하위 요인별 신뢰도 범위는 .526~.897로서 비교적 신뢰성 있는 척도이다.

(3) 수학문제해결력 검사 설문지

수학문제해결력은 수학적 문제발견, 수학적 문제해결, 수학적 문제 창조의 3단계 가정으로 정의한다. 수학적 문제발견은 사용된 문제를 통하여 신중하게 계속적으로 발견하는 능력이고, 수학적 문제해결은 사용된 문제를 유용하게 해결하고 새로운 답을 만들어내는 능력이며, 수학적 문제창조는 유용하고 새로운 문제와 활동을 구성하고 새로운 개념이나 공식을 신중하고 계속적으로 만드는 능력이 상호작용하여 이루어진다(황동주, 2005: 81). 이 척도는 총 10개 문항으로 구성되어 있다. 전체 신뢰도는 Cronbach의 알파계수가 .557이고, 각 하위요인별 신뢰도 범위는 .632~.911로서 비교적 신뢰성 있는 척도이다.

(4) 수학 개념원리 검사 설문지

수학 개념원리 검사는 초등학교 6학년 전 단원에서 연구반과 비교집단의 선행학습 정도와 수학 개념원리에 대한 검증을 하는 데 그 목적이 있다. 검사 문항 수는 총 20문항으로 연구자가 직접 제작하여 현장 수학 지도교사 10명과 충분한 협의를 거친 후 1차 적용(서울 Y초등학교 87명)을 하고 수정 보완하였다. 이어서 수학 전공 교육학 박사로 구성된 국제영재교육연구회 3명의 자문을 통해 2차 수정 보완 후 적용(서울 N초등학교 53명)을 하였다. 수학 개념원리란, 인간이 지각하고 경험한 다양한 사실이나 사상들이 공통적으로 가지고 있는 의미와 속성에 따라, 어떤 범주나 구성으로 표현된 속성들의 총체라고 볼 수 있다. 특히 수학적 개념은 그 생성 단계에서 추상화, 이상화, 형식화의 과정을 거치며, 적용 발전 단계에서는 일반화와 특수화의 과정을 거치고, 지식의 보존·정리 단계에서는 계통성과 논리성에 따르게 된다(교육과학기술부, 2009: 34-35). 이 척도는 총 20개 문항으로 구성되어 있다. 전체 신뢰도는 Cronbach의 알파계수가 .785이고, 각

하위요인별 신뢰도 범위는 .597~.925로서 상당히 신뢰성 있는 척도이다.

(5) 수학 학습능력 검사 설문지

수학의 완전학습을 위한 수업 전략으로 학습 적성의 계획적 계발, 수업의 질 개선, 수업 이해력에 적응하는 수업의 전개, 학습 지속력의 연장을 위해 학습 과제를 흥미 있게 조직하고 제공, 학습 시간의 효율적 사용을 통해 학습 기회의 증가가 있다.

수학 원리의 완전학습을 위한 수업 전략으로 선행학습의 누적된 결손을 발견하고, 이를 적절한 방법으로 제거, 수업 목표를 분명하게 제시, 수업 밀도를 높일 대책 강구, 소단원 또는 내용 단절의 학습이 끝날 때마다 형성평가를 통해 학습 진전 상황 점검, 학습 결손 보충, 적절한 심화과정 제공, 소집단별 자율학습 기회 제공, 대단원의 수업 종결 시 종합적 평가 등이 있다. 이 검사는 학습부진 유형별 맞춤형 학습법을 출간한 송인섭(2008)의 자료를 재구성한 자료이다. 이 척도는 총 16개 문항으로 구성되어 있다. 전체 신뢰도는 Cronbach의 알파 계수가 .625이고, 각 하위요인별 신뢰도 범위는 .522~.819로서 비교적 신뢰성 있는 척도이다.

(6) 성취요인 검사 설문지

성취요인이란 인지과정은 물론 학생의 지능발달과 밀접하게 관련된 요인이다. 성취요인의 넓은 의미는 지능 요인 이외의 모든 요인을 말하며, 좁은 의미로는 지능, 정서 등과 밀접한 관계가 있어 수학 성적 발달에 직접적인 역할을 하는 것을 수학 성취요인이라 한다(이오녕, 2009: 21). 이것은 동기, 포부, 이상, 의지, 흥미, 지적 호기심, 정서의 안정성, 독립성, 경쟁심, 자아개념 등이 포함되며, 학습의 유지체계(趙雲州 외, 1990: 266)이고, 따라서 성취요인은 학생들의 지적·정서적 성장과 발달에서 중요한 역할을 한다(顧曉丹, 2003: 22). 이 척도는 총 20개 문항으로 구성되어 있다. 전체 신뢰도는 Cronbach의 알파계수가 .665이고, 각 하위요인별 신뢰도 범위는 .566~.879로서 비교적 신뢰성 있는 척도이다.

3. 자료의 처리 및 분석

(1) 설문 결과 처리

수학 학습능력의 향상 검증은 비동질 비교 집단 사전·사후 검사설계를 기초로 하였다. 즉, 피험자들은 연구반, 비교집단에 각각 무선적으로 배정하고, 사전 검사를 실시한 후 10개월간(2010. 5. 10.~2011. 2. 25.)의 실험 수행 후 사후 검사를 실시하였고, 준실험설계(Qusai-Experimental Design)의 이질 통제 집단 전후 검사설계(Nonequivalent Control Group Pretest-Posttest Design)가 적용되었으며, 구체적인 설계 모형은 다음과 같다.

<표 10> 수학 학습능력의 향상 검증을 위한 연구 설계

집단 분류	실험 절차		
연구반	O_1	X_1	O_2
비교집단	O_1	X_2	O_2

O_1(사전검사): 창의성, 사고력, 문제해결력, 성취요인, 수학능력 검사
O_2(사후검사): 창의성, 사고력, 문제해결력, 성취요인, 수학능력 검사
수학 개념원리 검사(6학년 단원)
X_1: 수학의 개념원리 문제 제공 및 활동 수행(10개월)
X_2: 정규 교육 과정 방식 수행(10개월)

(2) 자료 분석

이 연구를 위해 수집된 모든 자료는 WINDOWS용 SPSSWIN. 14.0 프로그램을 운용하여, t-검증, 효과 크기의 비교, 획득 점수의 비교, 공분산분석(ANCOVA), 다변인 공변량분석(MANOVA), Pearson 상관계수, 중다회귀분석 등의 통계적 방법을 사용하여 처리하였다.

① 사전 검사 점수의 차이를 통해 연구반, 비교집단 모두 동질적인 집단인가를 알아보기 위해 t-검증을 하였다.

② 사후 검사 결과에 대한 분석은 사후 검사 점수들 간의 차이를 검증하는 t-검증을 실시하였다.

③ 수학 학습능력 향상에 영향을 주는 창의성, 사고력, 문제해결력, 성취요인 변인들의 상대적인 기여도를 분석하기 위해 중다회귀분석을 실시하였으며, 창의성과 사고력, 창의성과 문제해결력, 창의성과 성취요인, 사고력과 문제해결력, 사고력과 성취요인,

문제해결력과 성취요인의 상관관계를 분석하기 위해 Pearson 상
관계수를 구하였다.

④ SPSSWIN. 14.0프로그램을 운용하여, 단순선형회귀분석을 실시
하여 수학 개념원리 지도가 창의성, 사고력, 문제해결력, 성취요
인 변화의 통계 결과 효과가 있음을 회귀분석에 포함된 변수들
의 설명력을 통해 나타내었다.

4. 분석 및 해석

위와 같은 초등학생의 수학 개념원리 지도를 통한 창의성, 사고력,
문제해결력, 수학능력, 성취요인 변화 연구 결과 분석 및 해석은 다음
과 같다.

■ 예비 조사 집단 간 연구 요인의 차이

(1) 제1차 예비연구 분석

개발된 창의성 설문의 타당성을 조사하기 위하여 예비연구를 실시
한 결과는 다음과 같다.

<표 11> 창의성의 예비연구 1차 결과

사고기능	연구반(N=153)		t
	M	SD	
개방성	18.11	1.02	2.556[***]
유창성	37.37	1.54	3.821[**]
융통성	45.77	1.58	2.657[**]
독창성	19.40	.89	3.452[***]
창의성	120.65	1.26	3.120[***]

[**] p<.01 [***] p<.001

창의성 검사를 창의적 사고기능별로 살펴보면 지각적 개방성 18.11점, 유창성 37.37점, 융통성 45.77점, 독창성 19.40점, 창의성 120.65점으로 전체적으로 높은 점수를 보였음을 알 수 있다.

창의성 프로그램을 실시한 1차 예비 검사는 개방성(t=2.556, p=.001), 유창성(t=3.821, p=.001), 융통성(t=2.657, p=.001), 독창성(t=3.452, p=.001), 창의성(t=3.120, p=.001)의 모든 요인에서 유의수준 p<.001 수준에서 매우 유의한 결과가 있었다. 그러므로 창의성 검사를 실시하면 효과가 있을 것이라는 가설을 세울 수 있으며 투입된 설문지 적용이 가능하다는 것을 알 수 있으며, 수학 창의성은 수학 영역 지식, 창의적인 동기와 환경 등을 기반으로 유용하고 독창적인 아이디어를 생성해내는 수학능력으로 구성요소는 유창성·독창성·융통성·정교성·개방성이다.

(2) 제2차 예비연구 분석

이 연구를 위해 개발된 사고력, 문제해결력, 창의성, 수학능력 등

설문의 타당성을 조사하기 위하여 제2차 예비연구를 실시한 결과는
다음과 같다.

〈표 12〉 예비연구 제2차 결과

사고기능	연구반(N=159)		t
	M	SD	
수학 사고력	23.16	1.18	3.132***
수학문제해결력	36.81	1.78	4.271**
창의성	119.24	.86	2.982**
수학능력	20.19	1.18	3.675***
계	199.4	1.25	3.520***

** p<.01 *** p<.001

제2차 예비연구 결과를 사고기능별로 살펴보면 수학 사고력 23.16
점, 수학문제해결력 36.81점, 창의성 119.24점, 수학능력 20.19점, 합계
199.4점으로 높은 점수를 보였음을 알 수 있다.

따라서 검사에 앞서 실시한 설문 조사와 분석에서 수학 사고력
(t=3.132, p=.001), 수학문제해결력(t=4.271, p=.001), 융통성(t=2.657,
p=.001), 수학능력(t=3.675, p=.001), 창의성(t=2.982, p=.001)의 모든 요
인에서 유의수준 p<.001 수준에서 매우 유의한 결과가 있었다. 그러
므로 수학 개념원리 지도를 통해 검사를 실시하면 효과가 있을 것이
라는 가설을 세울 수 있으며 수학 사고력, 수학문제해결력, 창의성,
수학능력 등 투입된 설문지 적용이 가능하다는 것을 알 수 있다.

(3) 제1차 사전연구 분석

이 연구를 위해 개발된 수학 개념원리 설문의 타당성을 조사하기 위하여 서울 Y초등학교 6학년 67명을 대상으로 제1차 사전연구를 실시한 결과는 다음과 같다.

〈표 13〉 사전연구 제1차 결과

사고기능	연구반(N=67)		t
	M	SD	
수학 개념원리	2.120	.860	4.362***

** p<.01 *** p<.001

제1차 사전연구 결과를 사고기능별로 살펴보면 M=2.120, SD=.860 점수를 보였음을 알 수 있다. 따라서 검사에 앞서 실시한 사전연구에서 수학 개념원리(t=4.362, p=.001)의 모든 요인에서 유의수준 p<.001 수준에서 매우 유의한 결과가 있었다. 그러므로 검사를 실시하면 효과가 있을 것이라는 가설을 세울 수 있으며 투입된 문제와 설문지 적용이 가능하다는 것을 알 수 있다. 따라서 수학 학습에서 절차적 지식과 개념적 지식의 중요성을 인식할 필요가 있으며, 절차적 지식과 개념적 지식을 관련짓고 연결할 수 있도록 도와주어야 한다. 특히 수학과에서 초등학생을 위한 개념원리 지도는 창의성, 사고력, 문제해결력, 수학능력, 성취요인에 상당히 많은 영향을 주고 있다.

(4) 제2차 사전연구 분석

이 연구를 위해 개발된 수학 개념원리 설문의 타당성을 조사하기 위하여 서울 N초등학교 6학년 53명을 대상으로 제2차 사전연구를 실시한 결과는 다음과 같다.

〈표 14〉 사전연구 제2차 결과

사고기능	연구반(N=53)		t
	M	SD	
수학 개념원리	2.320	.910	3.953***

** p<.01 *** p<.001

제2차 사전연구 결과를 사고기능별로 살펴보면 M=2.320, SD=.910 점수를 보였음을 알 수 있다. 따라서 검사에 앞서 실시한 사전연구에서 수학 개념원리(t=3.9532, p=.001)의 모든 요인에서 유의수준 p<.001 수준에서 매우 유의한 결과가 있었다. 그러므로 검사를 실시하면 효과가 있을 것이라는 가설을 세울 수 있으며 투입된 문제와 설문지 적용이 가능하다는 것을 알 수 있다. 따라서 수학 개념원리 지식은 학습자가 새로운 지식을 기존의 정신적 구조에 동화시키는 과정에서 관계를 고찰하고 연결 짓는 데 능동적일 것이므로 1차 연구를 더 확실히 하고 본 연구의 충실한 수행과 목적을 달성할 수 있을 것이다.

■ 검사 집단 간 연구 요인의 차이

(1) 집단 간 수학 창의성의 차이

두 집단 간 수학 창의성의 차이를 위한 출발점 능력의 비교에서 연구반과 비교집단의 사전검사 점수에 차이가 있는지를 검증한 결과는 다음과 같다.

〈표 15〉 창의성의 사전검사 결과

요인	집단	M	SD	t	p
확인습관	비교집단	2.1875	.91931	30.099	.001
	연구반	2.2125	.93424	29.956	
반복연상	비교집단	2.0563	.86327	30.129	.001
	연구반	2.0125	.88302	28.829	
단어연결	비교집단	2.2813	.91920	31.392	.001
	연구반	2.1813	.98333	28.059	
목록관련	비교집단	2.0813	.80072	32.878	.001
	연구반	2.1688	.88468	31.009	
이미지화	비교집단	2.0688	.89106	29.367	.001
	연구반	2.0563	.95329	27.284	
마인드맵	비교집단	1.9000	.79464	30.244	.001
	연구반	2.1000	.90561	29.332	
문제변형	비교집단	2.0063	.81261	31.229	.001
	연구반	1.9688	.94117	26.459	
변경상상	비교집단	2.0250	.88984	28.785	.001
	연구반	2.1500	.93297	29.149	
불편개선	비교집단	2.2000	.84526	32.922	.001
	연구반	2.0500	.84526	30.678	
정리습관	비교집단	2.2500	1.00939	28.196	.001
	연구반	2.2500	1.02791	27.688	
창의성	비교집단	2.1056	.8745	30.520	.001
	연구반	2.1150	.9291	28.840	
	차이	0.0094	.0546	1.6800	

두 집단 간 수학 창의성의 차이를 위한 출발점 능력의 비교에서 연구반(M=2.1150, SD=.9291)과 비교집단(M=2.1056, SD=.874)의 사전검사 점수에 차이가 있는지를 검증한 결과 평균(M)은 0.0094, 표준편차(SD)는 .0546, t=1.6800으로 차이가 거의 없으므로 두 집단 간 출발점은 같다고 볼 수 있다. 따라서 두 집단 간 수학의 창의성 차이 연구를 하는 데 적합한 여건이 조성되었음을 알 수 있다. 학습자 개개인이 갖고 있는 지식, 경험, 인지 능력은 특성을 갖고 있으므로 교사는 모든 학습자들의 개별 특성을 충분히 고려하여 개개인의 수학 개념원리 욕구를 충족시킬 수 있도록 지도하면 창의성은 길러지는 것이다.

(2) 집단 간 수학 사고력의 차이

두 집단 간 수학 사고력의 차이를 위한 출발점 능력의 비교에서 사전검사 점수에 차이가 있는지를 검증한 결과는 다음과 같다.

〈표 16〉 사고력의 사전검사 결과

요인	집단	M	SD	t	p
적극 참여	비교집단	1.8875	.80866	29.524	.001
	연구반	1.9563	.79580	31.094	
집중 해결	비교집단	2.0125	.75225	33.840	.001
	연구반	1.9313	.76989	31.730	
해결 자랑	비교집단	1.9563	.84932	29.135	.001
	연구반	2.0250	.76025	33.692	
좋은 점수	비교집단	2.0563	.83362	31.201	.001
	연구반	1.9375	.85184	28.770	
방법 연구	비교집단	2.1375	.79691	33.928	.001
	연구반	2.0375	.69939	36.850	

질문 검색	비교집단	2.0375	.73448	35.089	.001
	연구반	1.9375	.74130	33.060	
수학 도서	비교집단	2.2688	1.74731	16.424	.001
	연구반	2.1500	1.72732	15.744	
수학 발전	비교집단	2.2438	.81454	34.843	.001
	연구반	1.9813	.80464	31.146	
연관 생각	비교집단	2.2813	.77842	37.070	.001
	연구반	2.1500	.71989	37.778	
사전 참고	비교집단	2.2938	.95560	30.362	.001
	연구반	2.0375	.85331	30.203	
개선 노력	비교집단	2.1563	.74011	36.852	.001
	연구반	1.9938	.78905	31.961	
생각 실천	비교집단	2.0688	.86963	30.091	.001
	연구반	2.1000	.74564	35.625	
사고력	비교집단	2.1677	.8900	31.530	.001
	연구반	2.0198	.8548	31.470	
	차이	0.1479	.0352	0.1600	

　　두 집단 간 사고력 차이 출발점 능력의 비교에서 연구반(M=2.1677, SD=.8900)과 비교집단(M=2.0198, SD=.8548)의 사전검사 점수에 차이가 있는지를 검증한 결과 평균(M)은 0.1479, 표준편차(SD)는 .0352, t=0.1600으로 차이가 거의 없으므로 두 집단 간 연구 조건이 충족되었음을 알 수 있다. 사고력은 수학을 생각하는 능력을 의미하며, 어떤 문제 사태나 과제 또는 대상에 직면했을 때 발휘하는 수학적 능력이라 볼 수 있다. 이러한 수학 사고력은 능력의 범주에 속한다고 볼 수 있기 때문에 지도를 통해 그 능력을 신장시킬 수 있다. 수학 사고력은 타고난 능력도 있지만, 지도의 과정을 통하여 길러지는 능력으로 보기 때문에 지도의 중요성이 강조된다.

(3) 집단 간 수학문제해결력의 차이

두 집단 간 수학문제해결력의 차이를 위한 출발점 능력의 비교에 서 연구반과 비교집단의 사전검사 점수에 차이가 있는지를 검증한 결과는 다음과 같다.

<표 17> 문제해결력의 사전검사 결과

요인	집단	M	SD	t	p
문제구상	비교집단	2.1063	.77376	34.432	.001
	연구반	2.0563	.78706	33.047	
완성향상	비교집단	2.1938	.92142	30.115	.001
	연구반	2.0188	.86491	29.524	
적용실천	비교집단	1.9563	.71240	34.735	.001
	연구반	1.9000	.75402	31.873	
반복이해	비교집단	2.1125	.80084	33.366	.001
	연구반	2.1063	.86582	30.771	
적극질문	비교집단	2.0625	.76633	34.044	.001
	연구반	1.8688	.70150	33.697	
그림변형	비교집단	1.9500	.86730	28.440	.001
	연구반	1.9563	.86400	28.640	
생각메모	비교집단	1.9438	.79501	30.926	.001
	연구반	1.9438	.83362	29.494	
예상문제	비교집단	2.1313	.88397	30.497	.001
	연구반	2.0188	.88646	28.806	
해결재미	비교집단	1.9938	.76477	32.976	.001
	연구반	1.8813	.82700	28.774	
적극질문	비교집단	2.0375	.74300	34.687	.001
	연구반	2.0375	.80006	32.213	
문제해결력	비교집단	2.0500	.8000	32.420	.001
	연구반	1.9800	.8200	30.680	
	차이	0.0700	.0200	1.740	

두 집단 간 문제해결력의 차이 출발점 비교에서 연구반(M=1.9800, SD=.8200)과 비교집단(M=2.0500, SD=.8000)의 사전검사 점수에 차이가 있는지를 검증한 결과 평균(M)은 0.0700, 표준편차(SD)는 .0200, t=1.740으로 차이가 거의 없는 것으로 나타났다.

따라서 초등학생을 위한 비교집단과 연구반의 수학문제해결력 차이를 검증할 수 있다. 문제해결력 향상을 위한 개념원리와 기준에서는 수 표현 방법, 수 사이의 관계성, 수 체계들을 이해하기, 연산의 의미와 연산들이 서로 관계된 방법을 이해하기, 유창하게 계산하기와 타당한 어림하기 등 문제 상황을 평가하여야 하고 자신의 결정에 대한 타당한 근거를 제시할 수 있어야 한다.

(4) 집단 간 수학 개념원리의 차이

두 집단 간 수학 개념원리의 차이를 위한 출발점 능력의 비교에서 연구반과 비교집단의 사전검사 점수에 차이가 있는지를 검증한 결과는 다음과 같다.

〈표 18〉 수학 개념원리의 사전검사 결과

요인	집단	M	SD	t	p
각과 각도	비교집단	2.2188	.93615	29.979	.001
	연구반	2.2313	.94651	29.818	
원의 방법	비교집단	2.0625	.85919	30.364	.001
	연구반	2.0688	.84765	30.871	
다면체	비교집단	2.3188	.92737	31.627	.001
	연구반	2.3000	.89583	32.476	
모선 의미	비교집단	2.1250	.79107	33.979	.001
	연구반	2.1063	.79777	33.396	

시간 단위	비교집단	2.0938	.79144	33.463	.001
	연구반	2.1313	.79402	33.952	
길이 단위	비교집단	1.9813	.89353	28.047	.001
	연구반	2.0875	.89293	29.571	
3차원 개념	비교집단	1.9875	.81640	30.794	.001
	연구반	2.0875	.84219	31.353	
넓이 방법	비교집단	1.9375	.82178	29.823	.001
	연구반	2.0375	.84591	30.467	
반올림	비교집단	2.0375	.83844	30.739	.001
	연구반	2.0688	.84765	30.871	
표 그래프	비교집단	2.0625	.91588	28.485	.001
	연구반	2.0250	.89688	28.559	
수학 확률	비교집단	2.2438	.90940	31.209	.001
	연구반	2.2688	.90228	31.806	
비례식	비교집단	2.1188	.85688	31.277	.001
	연구반	2.1438	.85301	31.789	
방정식	비교집단	2.3063	.91113	32.018	.001
	연구반	2.2938	.94899	30.573	
일대일	비교집단	2.1375	.79691	33.928	.001
	연구반	2.1438	.79184	34.245	
예상 확인	비교집단	2.1313	.87683	30.745	.001
	연구반	2.2500	.89020	31.971	
단순화	비교집단	1.9375	.78257	31.317	.001
	연구반	2.0063	.81261	31.229	
그림 표	비교집단	2.0500	.80720	32.124	.001
	연구반	2.0500	.80720	32.124	
함수 원리	비교집단	2.0563	.88486	29.394	.001
	연구반	2.0625	.89504	29.148	
경우의 수	비교집단	2.2438	.82984	34.201	.001
	연구반	2.2563	.84858	33.632	
연속량	비교집단	2.2938	.98796	29.368	.001
	연구반	2.2875	1.01180	28.597	
개념원리	비교집단	2.1200	.8600	31.140	.001
	연구반	2.1500	.8700	31.320	
	차이	0.0300	.0100	0.180	

두 집단 간 수학 개념원리 능력의 차이 출발점 비교에서 연구반 (M=2.1500, SD=0.8700)과 비교집단(M=2.1200, SD=.8600)의 사전검사 점수에 차이가 있는지를 검증한 결과 평균(M)은 0.0300, 표준편차 (SD)는 .0100, t=0.180으로 차이가 거의 없으므로 수학 개념원리 능력의 차이를 검증할 수 있는 요건을 갖추었다고 볼 수 있다.

수학의 개념원리 교육은 그 생성 단계에서 추상화, 이상화, 형식화의 과정을 거치며, 적용 발전 단계에서는 일반화와 특수화의 과정을 거치고, 지식의 보존·정리 단계에서는 계통성과 논리성에 따르도록 해야 한다. 이것은 교수학습의 상호작용을 통한 활동으로부터 다양한 노력을 거치면서 개인 안에서 형성되는 과정이며, 목표 지향적인 것이다.

(5) 집단 간 수학 학습능력의 차이

두 집단 간 수학 학습능력의 차이를 위한 출발점 능력의 비교에서 연구반과 비교집단의 사전검사 점수에 차이가 있는지를 검증한 결과는 다음과 같다.

〈표 19〉 수학 학습능력의 사전검사 결과

요인	집단	M	SD	t	p
꿈과 목표	비교집단	1.8875	.80866	29.524	.001
	연구반	1.8875	.80866	29.524	
목표 달성	비교집단	2.0125	.75225	33.840	.001
	연구반	2.0125	.75225	33.840	
목표 설정	비교집단	1.9563	.84932	29.135	.001
	연구반	1.9250	.84340	28.871	

단원 목표	비교집단	2.0563	.83362	31.201	.001
	연구반	1.9875	.81640	30.794	
이유 분명	비교집단	2.1375	.79691	33.928	.001
	연구반	1.9688	.79639	31.270	
인내 끈기	비교집단	2.0375	.73448	35.089	.001
	연구반	1.9000	.72857	32.987	
결과 점검	비교집단	2.1438	.76764	35.325	.001
	연구반	1.9625	.75141	33.036	
자기 주도	비교집단	2.2438	.81454	34.843	.001
	연구반	1.9125	.80398	30.090	
집중 탐독	비교집단	2.2813	.77842	37.070	.001
	연구반	1.8875	.75225	31.738	
도움 요청	비교집단	2.2938	.95560	30.362	.001
	연구반	2.0938	.91663	28.893	
학습 지속	비교집단	2.1563	.74011	36.852	.001
	연구반	2.0375	.76797	33.559	
적극 이해	비교집단	2.0688	.86963	30.091	.001
	연구반	1.9563	.81916	30.207	
실천 노력	비교집단	2.1000	.78668	34.848	.001
	연구반	2.0688	.76168	34.356	
시간 확보	비교집단	2.3125	.87010	33.766	.001
	연구반	2.2938	.85117	34.087	
경쟁 의식	비교집단	2.1750	.84340	33.618	.001
	연구반	2.1750	.84340	32.620	
습관 고착	비교집단	2.1380	.82100	32.620	.001
	연구반	2.0120	.80100	31.860	
수학 능력	비교집단	2.1300	.8100	33.260	.001
	연구반	2.0100	.8000	31.910	
	차이	0.1200	.0100	1.350	

두 집단 간 수학 학습능력의 차이 출발점 비교에서 연구반(M=2.0100, SD=0.8000)과 비교집단(M=2.1300, SD=.8100)의 사전검사 차이가 있는지를 검증한 결과 평균(M)은 0.1200, 표준편차(SD)는 .0100, t=1.350

으로 차이가 거의 없으므로 수학 학습능력의 차이를 검증할 수 있을 것이다.

수학 학습능력은 지능에 의해 영향을 받기도 하지만 반복학습을 통해 습관으로 형성되기도 한다. 이것이 수학교육을 받는 재능이 된 다는 사실은 다양한 연구를 통하여 알려져 왔다. 특히 학습능력은 생 득적으로 항상성을 갖는다는 생각에서 학업성취에 영향을 미치는 중 요한 변인이 된다. 학자들마다 수학능력이 학업성취에 영향을 주는 비율에는 차이를 보이고 있으나 성취도에 큰 영향을 미치는 변인 중 에 하나라는 사실은 수학 학습능력 지도의 중요성을 인식케 한다.

(6) 집단 간 성취요인의 차이

두 집단 간 성취요인의 차이를 위한 출발점 능력의 비교에서 연구 반과 비교집단의 사전검사 점수에 차이가 있는지를 검증한 결과는 다음과 같다.

〈표 20〉 성취요인의 사전검사 결과

요인	집단	M	SD	t	p
흥미 수업	비교집단	2.1750	.89408	30.771	.001
	연구반	2.2238	.88926	30.372	
수량 개념	비교집단	2.1500	.87019	31.252	.001
	연구반	2.2310	.87019	31.252	
지각 표현	비교집단	2.3000	.91665	31.738	.001
	연구반	2.2886	.95217	31.428	
수학 놀이	비교집단	2.1063	.85853	31.032	.001
	연구반	2.2730	.86529	31.172	

규칙 발견	비교집단	2.0938	.85352	31.061	.001
	연구반	2.1738	.85265	31.162	
동기 유발	비교집단	1.8563	.81532	28.799	.001
	연구반	1.8629	.82873	28.538	
문제 질문	비교집단	1.9625	.84591	29.346	.001
	연구반	1.9938	.83551	30.184	
사고 표현	비교집단	2.0563	.90593	28.710	.001
	연구반	2.0625	.90899	28.701	
추상 인식	비교집단	2.2375	.84293	33.576	.001
	연구반	2.1688	.87755	31.261	
해결 의욕	비교집단	2.2125	1.0118	27.660	.001
	연구반	2.1438	.93059	29.139	
집착 몰입	비교집단	2.2125	.91382	30.626	.001
	연구반	2.1563	.90106	30.269	
극복 의지	비교집단	2.0313	.90715	28.323	.001
	연구반	2.0250	.86838	29.497	
끈기 인내	비교집단	2.2813	.91920	31.392	.001
	연구반	2.2063	.94567	29.510	
해결 자신	비교집단	2.0938	.81493	32.499	.001
	연구반	2.0875	.81948	32.222	
세밀 표현	비교집단	2.1438	.88912	30.498	.001
	연구반	2.2238	.87921	30.358	
습관 적응	비교집단	1.9750	.81611	30.611	.001
	연구반	1.8790	.82630	31.638	
변환 응용	비교집단	2.0875	.86430	30.551	.001
	연구반	2.1576	.84780	31.232	
우선 해결	비교집단	2.0500	.96348	26.913	.001
	연구반	2.1500	.95834	25.834	
환경 통제	비교집단	2.1938	.85043	32.629	.001
	연구반	2.1839	.82712	31.728	
목표 다양	비교집단	2.2500	1.0993	27.126	.001
	연구반	2.1500	1.1009	28.196	
성취 요인	비교집단	2.1200	.8900	30.310	.001
	연구반	2.1100	.8800	30.240	
	차이	0.0100	.0100	0.070	

두 집단 간 성취요인의 차이 출발점 비교에서 연구반(M=2.1100, SD=.8800)과 비교집단(M=2.1200, SD=.8900)의 사전검사 점수에 차이가 있는지를 검증한 결과 평균(M)은 0.0100, 표준편차(SD)는 .0100, t=0.070으로 차이가 거의 없으므로 성취요인의 차이를 연구하면 된다.

　　성취동기가 낮은 학생은 학습 훈련을 통하여 내적 동기유발과 학업성취를 이룰 수 있고, 학업성취에 영향을 주는 변인은 학습 환경, 교사, 자아개념, 학습습관 등이 있다. 특히 수학 성취에 영향을 주는 변인들은 매우 유동적이며 복합적인 것을 알 수 있다. 그러나 개개인의 자질과 소질, 즉 재능을 계발해주고, 자신의 재능에 대하여 성취요인을 인지하고 적응, 계발하는 것이 중요하다.

■ 수학 개념원리의 적용이 미치는 영향

(1) 수학 개념원리를 적용하지 않은 초등학생의 영향

　　① 수학 창의성의 하위 영역 사전·사후 검사 차이
　　비교반 수학 창의성의 하위 영역별 사전·사후 검사 차이는 다음과 같다.

〈표 21〉 창의성의 사전·사후 검사 차이

문항	비교반 창의성(N=160)							
	사전검사				사후검사			
	M	SD	t	X^2	M	SD	t	X^2
확인 습관	2.19	.91	30.10	125.31	2.300	1.05	27.84	117.93
반복 연상	2.06	.86	30.13	123.62	2.163	.95	28.77	124.56

단어 연결	2.28	.91	31.39	93.31	2.419	1.05	29.17	82.81
목록 관련	2.08	.80	32.88	120.93	2.169	.89	30.76	112.75
이미지화	2.07	.89	29.37	104.06	2.156	.97	28.17	105.81
마인드맵	1.90	.79	30.24	141.06	2.169	2.60	10.53	180.87
문제 변형	2.01	.81	31.23	138.31	2.125	.96	27.91	135.93
변경 상상	2.03	.89	28.79	114.31	2.131	1.02	26.37	97.31
불편 개선	2.20	.84	32.92	127.00	2.331	.99	30.22	133.75
정리 습관	2.25	1.01	28.20	69.87	2.406	1.19	25.38	65.93
창의성	**2.11**	**.87**	**30.52**	**115.78**	**2.240**	**1.17**	**26.51**	**115.77**

* p<0.05

<표 21>에서 보는 바와 같이 비교집단 내에서 사전검사와 사후검사 간에 창의성의 각 요인별 t-검증과 X^2-test를 수행하였다. 결과를 살펴보면, 사전검사(M=2.110, SD=.870), 사후검사(M=2.240, SD=1.170) 사이에 차이가 별로 없는 것으로 나타났으므로 개념원리 지도를 통한 창의성계발 교육이 필요함을 알 수 있다.

최근 잠재력 계발에 대한 새로운 이론과 연구가 결합되면서, 창의성 교육의 유연한 접근이 이루어지고 있다. 교사들은 학습자의 다양한 지능, 관심, 학습 유형, 표현 양식을 반영하는 개별화된 수업접근을 계발하고 교육자료를 조화시키면서 전통적인 속진·심화 과정보다는 창의성 계발에 역점을 두어야 한다.

② 수학 사고력의 하위 영역 사전·사후 검사 차이

비교반 수학 사고력의 하위 영역별 사전·사후 검사 차이는 다음과 같다.

문항	비교반 사고력(N=160)							
	사전검사				사후검사			
	M	SD	t	X^2	M	SD	t	X^2
적극 참여	1.89	0.81	29.52	127.31	2.04	0.90	28.53	122.87
집중 해결	2.01	0.75	33.84	144.31	2.18	0.88	31.27	116.81
해결 자랑	1.96	0.85	29.14	135.81	2.12	0.94	28.49	125.43
좋은 점수	2.06	0.83	31.20	132.18	2.19	0.95	29.04	133.75
방법 연구	2.14	0.80	33.93	146.06	2.29	0.92	31.70	124.37
질문 검색	2.04	0.73	35.09	184.75	2.19	0.84	32.92	155.56
수학 도서	2.27	1.75	16.42	209.82	2.37	1.80	16.65	200.82
수학 발전	2.24	0.81	34.84	119.43	2.33	0.90	32.94	114.06
연관 생각	2.28	0.78	37.07	173.25	2.39	0.88	34.26	162.43
사전 참고	2.29	0.96	30.36	93.31	2.41	1.11	27.37	99.87
개선 노력	2.16	0.74	36.85	159.18	2.26	0.84	33.93	153.93
생각 실천	2.07	0.87	30.09	131.93	2.16	0.95	28.75	127.68
사고력	2.12	.89	31.53	146.44	2.24	.99	29.65	136.47

* $p < 0.05$

<표 22>에서 보는 바와 같이 비교집단 내에서 사전검사와 사후검사 간에 사고력의 각 요인별 t-검증과 X^2-test를 수행하였다. 결과를 살펴보면, 사전검사(M=2.12, SD=.89), 사후검사(M=2.24, SD=.99) 사이에 차이가 별로 없는 것으로 나타난 것은 적기에 수학문제해결력 향상을 위한 사고력 교육의 필요성을 알게 하고 있다.

수학교육의 목표는 실생활에 활용하고 학문의 기초로 활용하는 것이며, 학생들의 논리적인 사고력과 창의적인 사고력을 신장하는 것이고, 수학에 대한 긍정적인 태도와 신념을 갖는 것이 중요하다.

③ 수학문제해결력의 하위 영역 사전·사후 검사 차이

비교반 수학문제해결력의 하위 영역별 사전·사후 검사 차이는 다음과 같다.

<표 23> 문제해결력의 사전·사후 검사 차이

문항	비교반 문제해결력(N=160)							
	사전검사				사후검사			
	M	SD	t	X^2	M	SD	t	X^2
흥미 수업	2.11	.77	34.43	144.43	2.06	.79	33.00	135.00
수량 개념	2.19	.92	30.12	114.68	2.16	.92	29.82	116.37
지각 표현	1.96	.71	34.74	177.50	1.96	.74	33.41	180.43
수학 놀이	2.11	.80	33.37	163.43	2.13	.83	32.39	161.75
규칙 발견	2.06	.77	34.04	184.50	2.04	.78	33.15	172.68
동기 유발	1.95	.87	28.44	118.00	1.94	.86	28.52	124.25
문제 질문	1.94	.80	30.93	155.56	1.93	.81	30.24	148.25
사고 표현	2.13	.88	30.50	106.56	2.12	.89	30.26	106.81
추상 인식	1.99	.76	32.98	169.56	1.97	.76	32.59	171.43
해결 의욕	2.04	.74	34.69	187.56	2.02	.78	32.70	172.31
문제해결력	2.05	.80	32.42	152.18	2.03	.82	31.61	148.93

* $p<0.05$

<표 23>에서 보는 바와 같이 비교집단 내에서 사전검사와 사후검사 간에 문제해결력의 각 요인별 t-검증과 X^2-test를 수행하였다. 결과를 살펴보면, 사전검사(M=2.05, SD=.80), 사후검사(M=2.03, SD=.82) 사이에 차이가 별로 없는 것으로 나타났으므로 수학시간을 통해 문제해결력 신장을 위한 학생들의 지속적인 관심을 유발해야 할 것이다.

수학적 문제해결은 학생 스스로 문제 상황을 탐색하고 수학 지식과 사고 방법을 토대로 문제해결 방법을 적절히 활용하여 문제를 해결하는 능력이다. 특히 초등학교 6학년 과정에서는 경험과 요구를 바탕으로 문제를 창의적으로 해결할 수 있는 능력, 문제를 만들어보는 활동을 중시하는 태도, 생활 주변 현상, 사회 현상, 자연 현상 등의 여

러 가지 현상에서 파악된 문제를 해결하면서 수학 개념, 원리, 법칙을
탐구하고 이를 일반화하는 능력 등이 중요하다.

④ 수학능력의 하위 영역 사전·사후 검사 차이
비교반 수학능력의 하위 영역별 사전·사후 검사 차이는 다음과
같다.

〈표 24〉 수학능력의 사전·사후 검사 차이

문항	비교반 수학능력(N=160)							
	사전검사				사후검사			
	M	SD	t	x^2	M	SD	t	x^2
꿈과 목표	1.89	.81	29.52	127.31	2.01	.85	30.07	119.50
목표 달성	2.01	.75	33.84	144.31	2.11	.82	32.43	134.75
목표 설정	1.96	.85	29.14	135.81	2.04	.91	28.30	121.31
단원 목표	2.06	.83	31.20	132.18	2.13	.84	32.09	126.18
이유 분명	2.14	.80	33.93	146.06	2.23	.84	33.55	144.87
인내 끈기	2.04	.73	35.09	184.75	2.12	.76	35.09	189.93
결과 점검	2.14	.77	35.33	153.68	2.31	.80	36.42	172.43
자기 주도	2.24	.81	34.84	119.43	2.38	.84	35.93	130.06
집중 탐독	2.28	.78	37.07	173.25	2.38	.77	39.23	193.06
도움 요청	2.29	.96	30.36	93.31	2.43	.97	31.74	91.81
학습 지속	2.16	.74	36.85	159.18	2.28	.79	36.30	153.37
적극 이해	2.07	.87	30.09	131.93	2.14	.90	30.02	135.43
실천 노력	2.18	.79	34.85	147.75	2.23	.82	34.49	148.93
시간 확보	2.10	.79	33.77	142.43	2.18	.83	33.21	143.18
경쟁 의식	2.31	.87	33.62	122.31	2.34	.84	35.31	141.68
습관 고착	2.18	.84	32.62	125.25	2.25	.87	32.76	128.43
수학능력	2.13	.81	33.26	139.93	2.22	.84	33.56	142.18

* p<0.05

<표 24>에서 보는 바와 같이 비교집단 내에서 사전검사와 사후검

사 간에 수학능력의 각 요인별 t-검증과 X^2-test를 수행한 결과를 살펴보면, 사전검사(M=2.13, SD=.81), 사후검사(M=2.22, SD=.84) 사이에 차이가 별로 없는 것으로 나타났다. 따라서 학습의 지속, 개념원리 이해, 실천 노력, 충분한 시간 확보, 경쟁의식을 증가시켜 자기주도학습력과 수학능력이 향상되도록 수준별 수학교육이 필요하다.

수학 학습을 위한 능력은 사실을 형식화하여 인식하고, 문제의 형식과 구조를 파악하는 능력을 말한다. 수학 우수학생들은 주어진 수학문제 상황에서 수학의 구조를 인식하고 확장을 위한 준비를 하는 등 다양한 능력을 소유하고 있다. 이러한 그들의 능력을 바탕으로 제시된 수학 상황이 제시하는 바를 재해석하고 재배치하여 다른 형태로 제시할 수 있는 탁월한 능력을 갖출 수 있도록 적기에 적절한 프로그램 등이 제공되어야 한다.

⑤ 성취요인의 하위 영역 사전 · 사후 검사 차이

비교반 성취요인의 하위 영역별 사전 · 사후 검사 차이는 다음과 같다.

〈표 25〉 성취요인의 사전 · 사후 검사 차이

문항	비교반 성취요인(N=160)							
	사전검사				사후검사			
	M	SD	t	X^2	M	SD	t	X^2
흥미 수업	2.18	.89	30.77	127.00	2.38	1.02	29.45	111.12
수량 개념	2.15	.87	31.25	128.87	2.32	1.02	28.81	99.75
지각 표현	2.30	.92	31.74	102.37	2.50	1.02	31.14	95.43
수학 놀이	2.11	.86	31.03	116.31	2.23	.93	30.22	107.68
규칙 발견	2.09	.85	31.06	121.43	2.25	.93	30.55	110.50

동기 유발	1.86	.82	28.80	137.56	2.04	.95	27.10	111.37
문제 질문	1.96	.85	29.35	131.25	2.18	1.00	27.70	102.06
사고 표현	2.06	.91	28.71	106.25	2.25	1.05	27.21	85.12
추상 인식	2.24	.84	33.58	123.00	2.40	.95	31.86	96.56
해결 의욕	2.21	1.01	27.66	78.87	2.61	1.18	27.97	63.00
집착 몰입	2.21	.91	30.63	134.25	2.63	1.14	29.29	73.06
극복 의지	2.03	.91	28.32	114.18	2.36	1.09	27.36	84.31
끈기 인내	2.28	.92	31.39	93.31	2.45	.92	33.56	101.00
해결 자신	2.09	.81	32.50	123.31	2.45	.96	32.39	105.93
세밀 표현	2.14	.89	30.50	103.06	2.46	.99	31.40	88.18
습관 적응	1.98	.82	30.61	129.68	2.23	.95	29.61	108.43
변환 응용	2.09	.86	30.55	119.68	2.31	1.05	27.93	88.12
우선 해결	2.05	.96	26.91	103.62	2.25	1.08	26.31	87.00
환경 통제	2.19	.85	32.63	123.68	2.48	1.02	30.91	99.81
목표 다양	2.25	1.01	28.20	69.87	2.66	1.11	30.26	56.25
성취요인	**2.12**	**.89**	**30.31**	**114.38**	**2.37**	**1.02**	**29.55**	**93.73**

* $p < 0.05$

<표 25>에서 보는 바와 같이 비교집단 내에서 사전검사와 사후검사 간에 성취요인의 각 요인별 t-검증과 X^2-test를 수행한 결과를 살펴보면, 사전검사(M=2.12, SD=.89), 사후검사(M=2.37, SD=1.02) 사이에 차이가 별로 없는 것으로 나타났다.

따라서 다음과 같은 다양한 성취요인을 길러주어야 할 것이다. 흥미로운 수학 교수학습 제공, 수량개념과 정확한 계산력 반영, 다양한 공간에 대한 지각과 표현력, 수학과 관련된 놀이 선호, 수학에 대한 호기심과 규칙 발견, 학습에 대한 유연성과 동기유발, 어려운 문제에 대한 의문과 지속 질문, 논리적이고 수학적인 사고와 표현, 추상적 관계를 인식하고 표현, 어려운 문제를 해결하는 의욕 등이다.

(2) 수학 개념원리를 적용한 초등학생의 영향

① 수학 창의성의 하위 영역 사전·사후 검사 차이

연구반 수학 창의성의 하위 영역별 사전·사후 검사 차이는 다음 과 같다.

〈표 26〉 창의성의 사전·사후 검사 차이

문항	연구반 창의성(N=160)							
	사전검사				사후검사			
	M	SD	t	X^2	M	SD	t	X^2
확인 습관	2.21	.93	29.96	130.50	4.00	1.09	46.29	168.75
반복 연상	2.01	.88	28.83	152.18	3.89	1.09	45.23	163.12
단어 연결	2.18	.98	28.06	99.68	3.90	.97	50.72	106.00
목록 관련	2.17	.88	31.01	107.31	3.92	1.08	46.09	119.15
이미지화	2.06	.95	27.28	104.43	3.85	1.07	45.72	176.50
마인드맵	2.10	.91	29.33	120.87	3.93	1.07	46.45	184.25
문제 변형	1.97	.94	26.46	118.56	3.87	1.12	43.83	140.18
변경 상상	2.15	.93	29.15	93.68	3.93	1.01	49.23	177.25
불편 개선	2.05	.85	30.68	123.81	4.02	1.03	49.32	167.68
정리 습관	2.25	1.03	27.69	67.68	3.88	1.03	47.76	152.50
창의성	2.12	.93	28.84	111.87	3.92	1.06	47.06	155.54

* p<0.05

<표 26>에서 보는 바와 같이 연구반 내에서 사전검사와 사후검사 간에 창의성의 각 요인별 t-검증과 X^2-test를 수행하였다. 결과를 살펴 보면, 모든 요인에서 유의한 차이가 있는 것으로 나타났다. 사전검사 (M=2.12, SD=.93), 사후검사(M=3.92, SD=1.06) 사이에 사후검사가 평 균(M) 1.80 향상이 있는 것으로 나타났으며, 불편을 개선하려는 의지 가 많이 향상(M=1.97)되었다. 따라서 초등학생에게 수학 개념원리를

지도하여 융통성과 독창성을 중심으로 창의성을 향상시켜 주어야 할 것이다.

특히 새로운 방식으로 수학 아이디어, 사물, 기법, 접근 방법을 결합하는 능력뿐만 아니라 주어진 문제를 다양한 방식으로 분석하고, 형태를 관찰하며, 유사성과 차이점을 파악하는 등 배운 것을 낯선 상황에 적용하는 능력을 길러주어야 한다. 또한 수학적 상황에서 해법을 얻기 위해 이미 가지고 있는 고정관념을 깨뜨리는 능력, 고정화를 극복하고 정신적 태세를 벗어나는 능력, 개방된 수학적 상황에서 많고 다양하고 독창적인 반응을 낼 수 있는 능력, 동일한 문제에 대하여 다양한 해결책을 고안하는 융통성과 문제 요소들을 새로운 방식으로 결합하는 독창성을 포함하는 능력이 길러질 수 있는 교육 과정이 필요하다.

② 수학 사고력의 하위 영역 사전·사후 검사 차이

연구반 수학 사고력의 하위 영역별 사전·사후 검사 차이는 다음과 같다.

〈표 27〉 사고력의 사전·사후 검사 차이

문항	연구반 사고력(N=160)							
	사전검사				사후검사			
	M	SD	t	X^2	M	SD	t	X^2
적극 참여	1.96	.80	31.09	130.87	3.48	.58	75.50	148.25
집중 해결	1.93	.77	31.73	135.31	3.49	.68	64.78	172.93
해결 자랑	2.03	.76	33.69	153.43	3.54	.68	65.69	182.43
좋은 점수	1.94	.85	28.77	122.31	3.53	.78	57.53	162.31
방법 연구	2.04	.70	36.85	101.70	3.55	.69	65.12	186.00

질문 검색	1.94	.74	33.06	172.06	3.61	.72	63.64	172.00
수학 도서	2.15	1.73	15.74	171.12	3.63	1.62	28.42	264.42
수학 발전	1.98	.80	31.14	125.06	3.44	.71	61.54	186.25
연관 생각	2.15	.72	37.77	187.50	3.58	.69	65.98	104.55
사전 참고	2.04	.85	30.20	126.31	3.55	.78	57.91	160.00
개선 노력	1.99	.79	31.96	140.93	3.55	.62	72.14	214.56
생각 실천	2.10	.75	35.62	169.37	3.54	.73	60.92	166.62
사고력	2.02	.85	31.47	144.66	3.54	.77	61.60	176.69

* p<0.05

<표 27>에서 보는 바와 같이 연구반 내에서 사전검사와 사후검사 간에 사고력의 각 요인별 t-검증과 X^2-test를 수행하였다. 결과를 살펴보면, 모든 요인에서 유의한 차이가 있는 것으로 나타났다. 사전검사(M=2.02, SD=.85), 사후검사(M=3.54, SD=.77) 사이에 사후검사가 평균(M) 1.14 향상이 있는 것으로 나타났다. 특히 수학문제해결을 위해 관련 참고도서를 찾는 습관은 표준편차(SD=1.62)가 있는 것으로 나타났으며, 수학도서를 통하여 사고력이 많이 향상(M=1.48)되었다.

따라서 수학교육에서는 논리적인 사고뿐만 아니라 창의적 사고력 훈련 및 수학교육에 깊은 관심을 가져야 한다. 또한 수학 사고력을 논의함에 있어서 중요한 요인 중의 하나가 기존의 정보, 즉 과거의 수학 지식이나 문제해결 경험이다. 고정관념의 틀을 벗어나 새로운 결과를 향하는 것만 관련된다고 규명을 잘못 이해하면 수학 지식이나 경험이 사고력에 부정적인 영향을 미친다고 생각하기 쉽지만, 수학을 하는 정의적 측면에 있어서 새로운 접근이나 아이디어들은 기존의 수학 지식을 바탕으로 새롭게 결합하여 얻어진다는 것을 감안한다면 수학 사고력 향상에 있어서 과거의 경험이나 기존의 지식의

역할을 절대 간과해서는 안 될 것이다.

③ 수학문제해결력의 하위 영역 사전·사후 검사 차이
연구반 수학문제해결력의 하위 영역별 사전·사후 검사 차이는 다음과 같다.

〈표 28〉 문제해결력의 사전·사후 검사 차이

문항	연구반 문제해결력(N=160)							
	사전검사				사후검사			
	M	SD	t	X^2	M	SD	t	X^2
흥미 수업	2.06	.79	33.05	138.12	3.86	1.13	43.10	133.06
수량 개념	2.02	.86	29.52	121.00	3.91	1.14	43.24	122.93
지각 표현	1.90	.75	31.87	172.00	4.04	1.08	47.20	172.18
수학 놀이	2.11	.87	30.77	148.06	3.94	1.18	42.36	134.18
규칙 발견	1.87	.70	33.70	110.75	4.12	1.06	49.14	178.18
동기 유발	1.96	.86	28.64	119.43	3.80	1.08	44.49*	154.00
문제 질문	1.94	.83	29.49	159.31	3.93	1.12	44.53	136.43
사고 표현	2.02	.89	28.81	111.43	3.89	1.06	46.66	138.81
추상 인식	1.88	.83	28.77	135.56	4.05	1.06	48.47*	157.75
해결 의욕	2.04	.80	32.21	173.18	4.08	1.11	46.53*	174.12
문제해결력	1.98	.82	30.68	138.88	3.96	1.10	45.57	150.16

* $p<0.05$

<표 28>에서 보는 바와 같이 연구반 내에서 사전검사와 사후검사 간에 문제해결력의 각 요인별 t-검증과 X^2-test를 수행하였다. 결과를 살펴보면, 모든 요인에서 유의한 차이가 있는 것으로 나타났다. 사전검사(M=1.98, SD=.82), 사후검사(M=3.96, SD=1.10) 사이에 사후검사가 평균(M) 1.98 향상이 있는 것으로 나타났으며, 규칙 발견을 통하여 문제해결력이 많이 향상(M=2.25)되었다. 따라서 초등학생에게 수학

개념원리를 지도하고, 수학은 규칙 찾기라는 사실을 숙지하는 등 이를 적용시켜 문제해결력을 향상시켜야 할 것이다.

④ 학습능력의 하위 영역 사전·사후 검사 차이

연구반 학습능력의 하위 영역별 사전·사후 검사 차이는 다음과 같다.

〈표 29〉 학습능력의 사전·사후 검사 차이

문항	연구반 수학능력(N=160)							
	사전검사				사후검사			
	M	SD	t	X^2	M	SD	t	X^2
꿈과 목표	1.89	.81	29.52	127.31	3.40	1.00	42.82	233.82
목표 달성	2.01	.75	33.84	144.31	3.38	.81	52.91	173.56
목표 설정	1.93	.84	28.87	142.81	3.41	.88	49.07	137.31
단원 목표	1.99	.82	30.79	144.00	3.44	.84	51.56	149.31
이유 분명	1.97	.80	31.27	144.18	3.44	.84	52.02	164.06
인내 끈기	1.90	.73	32.99	183.43	3.54	.79	56.49	172.75
결과 점검	1.96	.75	33.04	154.75	3.44	.81	53.93	173.25
자기 주도	1.91	.80	30.09	134.43	3.22	1.07	37.92	79.18
집중 탐독	1.89	.75	31.74	156.25	3.47	.93	47.12	127.06
도움 요청	2.09	.92	28.89	100.93	3.58	.81	55.76	147.56
학습 지속	2.04	.77	33.56	146.43	3.44	.88	49.36	130.75
적극 이해	1.96	.82	30.21	142.93	3.47	.98	44.90	96.43
실천 노력	2.11	.77	34.76	156.56	3.57	.80	56.57	147.06
시간 확보	2.07	.76	34.36	81.05	3.52	.88	50.82	129.68
경쟁 의식	2.29	.85	34.09	129.31	3.48	.96	45.58	96.87
습관 고착	2.18	.84	32.62	125.25	3.44	.92	47.54	120.68
수학 능력	2.01	.80	31.91	138.37	3.45	.89	49.65	142.26

* p<0.05

<표 29>에서 보는 바와 같이 연구반 내에서 사전검사와 사후검사

간에 학습능력의 각 요인별 t-검증과 X^2-test를 수행하였다. 결과를 살펴보면, 모든 요인에서 유의한 차이가 있는 것으로 나타났다. 사전검사(M=2.01, SD=.80), 사후검사(M=3.45, SD=.89) 사이에 사후검사가 평균(M) 1.44 향상이 있는 것으로 나타났다.

따라서 수학 학습능력의 개별적 특성을 존중해야 한다. 학생들에게 제시되는 새로운 수학 학습의 내용은 이미 자신이 알고 있는 수학 지식과 경험에 근거하여 해석하고 이해하여 기존의 수학 지식과 통합한다. 그런데 학습자 개개인이 갖고 있는 지식, 경험, 인지 능력은 독특한 것이다. 그들의 개별적 수학 학습 특성을 충분히 고려하여 개개인의 지적 욕구를 충족시킬 수 있도록 함으로써 수학 학습능력은 길러지는 것이다. 특히 유별난 생각이나 질문에 대해서 주의를 기울이고 진지한 태도로 답해주어야 하며, 무시하거나 핀잔을 주는 것은 수학 학습능력이 길러지지 않을 것이다.

⑤ 성취요인의 하위 영역 사전·사후 검사 차이

연구반 성취요인의 하위 영역별 사전·사후 검사 차이는 다음과 같다.

〈표 30〉 성취요인의 사전·사후 검사 차이

| 문항 | 연구반 성취요인(N=160) | | | | | | | |
| | 사전검사 | | | | 사후검사 | | | |
	M	SD	t	X^2	M	SD	t	X^2
흥미 수업	2.18	.89	30.77	127.00	3.48	.90	48.71	131.43
수량 개념	2.15	.87	31.25	128.87	3.48	.88	50.20	118.68
지각 표현	2.30	.92	31.74	102.37	3.39	.88	48.53	117.25
수학 놀이	2.11	.86	31.03	116.31	3.39	.87	49.33	139.25

규칙 발견	2.09	.85	31.06	121.43	3.43	.87	49.70	131.81
동기 유발	1.86	.82	28.80	137.56	3.39	.88	48.97	120.75
문제 질문	1.99	.84	30.18	136.56	3.42	.89	48.78	124.56
사고 표현	2.06	.91	28.70	109.56	3.43	.85	50.92	128.00
추상 인식	2.17	.88	31.26	106.56	3.46	.84	52.16	139.18
해결 의욕	2.14	.93	29.14	108.31	3.41	.97	44.62	98.18
집착 몰입	2.16	.90	30.27	123.93	3.60	.88	51.48	118.00
극복 의지	2.03	.87	29.50	122.87	3.36	1.02	41.76	88.56
끈기 인내	2.21	.95	29.51	85.68	3.43	.94	46.38	96.68
해결 자신	2.09	.82	32.22	120.81	3.36	.99	42.77	94.06
세밀 표현	2.14	.89	30.50	103.06	3.39	.94	45.67	103.93
습관 적응	1.98	.82	30.61	129.68	3.41	.97	44.33	101.43
변환 응용	2.09	.86	30.55	119.68	3.43	1.00	43.37	97.81
우선 해결	2.05	.96	26.91	103.62	3.39	1.00	42.77	91.81
환경 통제	2.19	.85	32.63	123.68	3.43	.93	46.72	107.31
목표 다양	2.25	1.01	28.20	69.87	3.36	1.02	41.76	76.56
성취요인	**2.11**	**.89**	**30.24**	**114.87**	**3.42**	**.93**	**46.95**	**111.26**

* $p < 0.05$

<표 30>에서 보는 바와 같이 연구반 내에서 사전검사와 사후검사 간에 성취요인의 각 요인별 t-검증과 X^2-test를 수행하였다. 결과를 살펴보면, 모든 요인에서 유의한 차이가 있는 것으로 나타났다. 사전검사(M=2.11, SD=.89), 사후검사(M=3.42, SD=.93) 사이에 사후검사가 평균(M) 1.31 향상이 있는 것으로 나타났다.

따라서 수학교육은 지식이나 정보를 축적하는 교육이 아니다. 더구나 연산을 기계적으로 훈련하는 것은 도움이 되지 않는다. 초등학생 시기에는 생각하는 힘의 부족으로 생각하기 싫어하는 아이들이 대부분이다. 또 집중력도 없고 주의가 산만한 아이들이 많다. 이러한 아이들에게는 우선 관심과 흥미를 주는 성취동기 유발 학습이 필요

하다. 이를 위해서 수학교육 프로그램이 초등학생에게 적극 참여하는 방식으로 제작되어야 한다. 또한 게임을 통해서 성취동기와 흥미를 유발시키는 방법도 좋다. 이러한 과정을 거치면 자연스럽게 수학 원리와 개념을 이해하게 되어 수학문제를 훨씬 빨리 받아들이고 스스로 해결하려는 경향이 뚜렷해진다.

■ 수학 개념원리 성적과 변인들의 관계

(1) 수학 개념원리 성적의 비교

① 개념원리 성적 집단별 비교

비교집단과 연구반의 개념원리 수학 성적을 집단별로 비교한 통계 자료는 다음과 같다.

〈표 31〉 비교 · 연구반의 수학성적

개념원리 문제	아주 부족 0~39점		부족 40~59점		보통 60~79점		우수 80~89점		최우수 90~100점	
	비교집단	연구반	비교집단	연구반	비교집단	연구반	비교집단	연구반	비교집단	연구반
01. 각과 각도	13.1	5.0	15.6	7.5	43.1	14.4	20.0	50.6	8.1	22.5
02. 원의 둘레	11.9	3.1	22.5	10.0	34.4	17.5	17.5	47.5	13.8	21.9
03. 다면체	10.0	4.4	30.6	13.1	30.0	8.1	20.0	58.6	9.4	23.8
04. 원기둥, 원뿔	13.1	2.5	35.0	11.9	23.1	7.5	15.6	51.9	13.1	26.3
05. 시각의 단위	12.5	1.9	29.4	8.1	36.9	11.9	15.0	57.5	6.3	20.6
06. 길이 단위	13.8	3.8	35.0	5.6	37.5	13.1	8.1	53.1	5.6	24.4
07. 2차원, 3차원	8.1	1.3	24.4	9.4	45.0	13.8	15.6	55.6	6.9	20.0
08. 원의 넓이	7.5	2.5	30.0	13.1	23.8	9.4	26.3	48.1	12.5	26.9
09. 반올림	12.5	3.1	31.3	12.5	26.3	7.5	18.8	53.1	4.3	23.8
10. 만들어진 표	13.1	3.1	28.8	7.5	31.3	12.5	13.8	51.3	13.1	25.6

11. 경험적 확률	11.3	1.9	41.3	13.8	30.0	11.3	11.3	54.4	6.3	18.8
12. 비례식	5.6	4.4	31.9	11.3	26.3	7.5	28.8	53.1	7.5	23.8
13. 식과 등식	4.4	3.8	26.9	5.6	30.6	13.1	26.3	52.5	11.9	25.0
14. 사다리 게임	5.0	1.3	36.9	7.5	30.6	10.6	20.6	56.9	6.9	23.8
15. 규칙 찾기	10.0	1.3	28.8	6.9	30.0	5.0	26.3	68.8	5.0	18.1
16. 단순화 원리	7.5	1.9	30.6	7.5	28.1	7.5	23.8	60.6	10.0	22.5
17. 그림, 표	12.5	3.1	31.9	5.6	32.5	14.4	16.9	51.9	6.3	25.0
18. 함수 원리	9.4	4.4	32.5	7.5	38.1	13.8	11.9	53.8	8.1	20.6
19. 경우의 수	9.4	3.8	33.1	6.3	30.0	8.8	20.0	55.0	7.5	26.3
20. 분리, 연속	7.5	2.5	28.8	3.8	29.3	11.9	25.0	60.0	9.4	21.9
평균	9.9	2.9	30.3	8.7	31.8	10.9	19.1	54.3	8.9	23.1

* 숫자는 %를 나타내며 연구기간 동안 4회(3. 6. 9. 12월) 실시를 평균 처리함

비교집단과 연구반의 개념원리 지도를 통한 수학성적의 변화를 나타낸 것으로 출발점(3월)의 성적은 비슷하였다. 비교반은 교육 과정을 정상적으로 추진하고, 연구반은 수학시간에 수준별 수학 지도를 통해 개념원리 지도를 의도적으로 투입했다.

그 결과 비교반은 아주 부족(9.9%), 부족(30.3%), 보통(31.8%), 우수(19.1%), 최우수(8.9%)로 나타났으며, 연구반은 아주 부족(2.9%), 부족(8.7%), 보통(10.9%), 우수(54.3%), 최우수(23.1%)로 나타났다. 따라서 평균 80점 이상이 되는 분포를 살펴보면 비교반은 28.0%, 연구반은 77.4%로 연구반이 49.45 높게 나타나 수학 개념원리 프로그램 투입은 수와 연산, 도형, 측정, 확률, 통계, 문제해결 영역에서 효과가 있음을 알 수 있다.

따라서 수학교육의 내용도 기존 교육 과정 내용 외에 어림셈, 측정, 기하, 통계, 확률 등의 폭넓은 내용이 다루어져야 수학 개념이 바르게 형성될 수 있으며, 실제 생활에서 수학의 적용, 활용 등을 강조하여

수학 학습이 의미 있는 경험이라는 확신을 갖게 하는 것이 필요하다. 즉, 수학 지식이나 기술이 실제 문제해결의 도구임을 인식하고, 그 가치를 알게 해야 하는 수학교육이 개념원리의 핵심임을 알 수 있다.

(2) 수학 개념원리 성적에 영향을 주는 변인

수학 개념원리 성적에 영향을 주는 변인으로는 창의성, 문제해결력, 사고력, 수학능력, 성취요인 등과의 관계 결과는 다음과 같다.

① 창의성과 개념원리 성적 간의 관계

연구반의 불편 개선, 확인 습관, 마인드맵 등 창의성과 개념원리의 사후검사 결과는 다음과 같다.

〈표 32〉 창의성과 개념원리의 관계

| 문항 | 연구반 창의성(N=160) | | | |
| | 사후검사 결과 | | | |
	M	SD	t	X^2
불편 개선	4.02	1.03	49.32	167.68
확인 습관	4.00	1.09	46.29	168.75
마인드맵	3.93	1.07	46.45	184.25

* p<.001

<표 32>에서 보는 바와 같이 연구반의 창의성과 개념원리의 설문지 통계 처리 결과, 불편을 개선하려는 의욕(M=4.02, SD=1.03, t=49.32, X^2=167.68), 학습한 것을 복습, 질문 등으로 확인하는 습관(M=4.00, SD=1.09, t=46.29, X^2=168.75), 다양한 상상력과 마인드맵으로 창의성

을 계발(M=3.93, SD=1.07, t=46.45, X^2=184.25)하는 순으로 나타났다.

따라서 수학 개념원리를 학습 시간에 집중 지도하면 생활 속에서 다양한 불편을 창의적으로 개선하려는 의지와 주입식으로 받아들이려 하지 않고 궁금한 것을 알고 넘어가려는 태도가 향상되고 있음을 알 수 있다.

학생 스스로 수학 개념과 원리·법칙을 깨닫고 이를 활용하도록 하는 일과 통제와 조절이 배제된 자유롭고 허용적인 환경에서 수학 문제해결을 위해 다양한 접근 방법을 탐색하고 적용하는 과정에서 보다 새로운 아이디어를 고안하도록 해야 할 것이다. 그리고 학생들에게 제시되는 학습 자료에 대해 보다 세심한 배려를 해야 한다. 주어진 문제에 대해 하나의 결론이나 정답을 찾아가는 수렴적 사고를 요구하는 전통적인 문제에서 벗어나 가능한 한 다양한 전략과 각 전략에 따라 다양한 답을 산출해낼 수 있는 확산적 사고를 요구하는 개방형 문제, 혼자서 해결하는 문제뿐만 아니라 협동 과제, 다양한 교구를 활용하여 해결하는 문제, 일정한 맥락에서 연속성을 지닌 수준별로 구성된 과제를 해결할 수 있는 창의성 함양 기회가 제공되어야 수학 개념원리도 바르게 형성될 것이다.

② 문제해결력과 개념원리 성적 간의 관계

연구반의 규칙발견, 해결 의욕, 추상 인식 등 문제해결력과 개념원리의 사후검사 결과는 다음과 같다.

<표 33> 문제해결력과 개념원리의 관계

문항	연구반 문제해결력(N=160)			
	사후검사 결과			
	M	SD	t	X^2
규칙 발견	4.12	1.06	49.14	178.18
해결 의욕	4.08	1.11	46.53	174.12
추상 인식	4.05	1.06	48.47	157.75

* p<.001

<표 33>에서 보는 바와 같이 연구반의 문제해결력과 개념원리의 설문지 통계 처리 결과, 수학의 다양한 규칙을 찾으려는 노력(M=4.12, SD=1.06, t=49.14, X^2=178.18), 다양한 방법으로 문제를 해결하는 의욕(M=4.08, SD=1.11, t=46.53, X=174.12), 문제를 읽으면서 추상하는 인식(M=4.05, SD=1.06, t=48.47, X^2=157.75) 순으로 나타났다. 따라서 수학시간에 개념을 인지하며 공식이나 원리에서 나타나는 규칙을 찾으려는 태도가 길러짐을 알 수 있으며, 창의적인 문제해결력 향상을 위해 암시적 또는 잠재적으로 존재하는 새로운 문제를 찾아서 기존의 방식으로 문제를 해결하는 것, 명시적으로 존재하는 폐쇄형 문제를 새로운 방식으로 해결하는 것, 암시적 또는 잠재적으로 존재하는 새로운 문제를 찾아서 새로운 방식으로 해결책을 얻는 것 등이 수학 개념원리를 이해하면서 문제해결력을 향상시켜 준다고 할 수 있다.

③ 사고력과 개념원리 성적 간의 관계

연구반의 수학 도서, 질문 검색, 연관 생각 등 사고력과 개념원리의 사후검사 결과는 다음과 같다.

〈표 34〉 사고력과 개념원리의 관계

문항	연구반 사고력(N=160)			
	사후검사 결과			
	M	SD	t	X^2
수학 도서	3.63	1.62	28.42	264.42
질문 검색	3.61	.72	63.64	172.00
연관 생각	3.58	.69	65.98	104.55

* p<.001

<표 34>에서 보는 바와 같이 연구반의 사고력과 개념원리의 설문지 통계 처리 결과, 문제해결을 위한 관련 수학 도서를 참고(M=3.63, SD=1.62, t=28.42, X^2=264.42), 질문으로 해결하기보다는 검색을 통해 자기주도학습력 향상(M=3.61, SD=.72, t=63.64, X^2=172.00), 직면한 수학문제를 생활 또는 이전에 해결했던 문제와 관련하여 사고력을 향상(M=3.58, SD=.69, t=65.98, X^2=104.55)하는 순으로 나타났다. 따라서 수학에서 가장 중요한 사고력 향상을 위해 수학 개념원리 지도가 절실함을 알 수 있다.

수학 사고력를 향상시킬 수 있는 수업은 첫째, 수학적 사고 문화의 조성으로 수학적 사고를 충분히 할 수 있는 발문과 수업 분위기, 그리고 다양한 아이디어를 창안해낼 수 있는 자유로운 탐구활동의 기회를 많이 부여하여 자신감을 심어주어야 한다. 둘째, 문제해결을 통한 수학적 사고 기술의 개발로 문제를 단계별로 해결하기 위해 각 단계에서 구사할 수 있는 사고 전략을 적절히 사용할 수 있도록 해야 한다. 셋째, 메타인지를 통한 수학적 사고 태도의 개선으로 수학적 사고를 검토하고 반성하면서 개선할 수 있는 방법을 찾도록 해야 한다. 넷째, 친구들과 상호작용을 통한 비판적이고 협력적인 사고 능력의

배양이 필요하다.

④ 수학능력과 개념원리 성적 간의 관계

연구반의 도움 요청, 실천 노력, 인내, 끈기 등 수학능력과 개념원리의 사후검사 결과는 다음과 같다.

〈표 35〉 수학능력과 개념원리의 관계

문항	연구반 수학능력(N=160)			
	사후검사 결과			
	M	SD	t	X^2
도움 요청	3.58	.81	55.76	147.56
실천 노력	3.57	.80	56.57	147.06
인내 끈기	3.54	.79	56.49	172.75

* p<.001

<표 35>에서 보는 바와 같이 연구반의 수학능력과 개념원리의 설문지 통계 처리 결과, 자기 주도적으로 문제해결이 어려울 때는 지도교사에게 도움을 요청(M=3.58, SD=.81, t=55.76, X^2=147.56), 학습한 것을 일상생활에 적용하려는 노력(M=3.57, SD=.80 t=56.57, X^2=147.06), 인내와 끈기로 문제를 끝까지 해결(M=3.54, SD=.79, t=56.49, X^2=172.75)하는 순으로 나타났다. 따라서 개념원리 지도를 통해 비지적인 인내와 끈기도 형성되고 있음을 알 수 있다.

수학 학습능력은 기본적 개념과 원리가 중요하다. 원리에 대해 충분히 이해할 수 있도록 해야 하며, 일상생활과 관련시켜 적용할 수 있는 기회를 제공하는 것도 중요하다.

그리고 단순 암기에 근거한 문제풀기식의 수업은 수학능력을 크게 저해하는 것이다. 한 문제를 풀더라도 정당한 과정을 수행함으로써 자기주도학습력을 증진시키며 문제를 해결한 뒤의 성취감을 느끼도록 학습능력이 형성되어야 한다. 수학을 학습하면서 인내력과 집중력 등 전인적 특성을 함양할 수 있도록 하고, 학생들의 전인적 발달 도모와 다양한 학습능력 발전에 지대한 관심을 유지하도록 해야 한다.

⑤ 성취요인과 개념원리 성적 간의 관계
연구반의 집착 몰입, 흥미 수업, 수량 개념 등 성취요인과 개념원리의 사후검사 결과는 다음과 같다.

〈표 36〉 성취요인과 개념원리의 관계

| 문항 | 연구반 성취요인(N=160) | | | |
| | 사후검사 결과 | | | |
	M	SD	t	x^2
집착 몰입	3.60	.88	51.48	118.00
흥미 수업	3.48	.90	48.71	131.43
수량 개념	3.48	.88	50.20	118.68

* p<.001

<표 36>에서 보는 바와 같이 연구반의 성취요인과 개념원리의 설문지 통계 처리 결과, 주어진 문제에 대해 남과 다른 방법으로 해결하기 위한 집착 몰입 상태(M=3.60, SD=.80, t=51.48, X^2=118.00), 호기심과 흥미가 가득한 수업 참가(M=3.48, SD=.90, t=48.71, X^2=131.43), 직면한 문제를 수량화 하는 개념형성(M=3.48, SD=.88, t=50.20, X^2=118.68) 순으로 나타났다. 따라서 수학교과 지도 시 흥미와 호기심이 유발될 수 있도록 내외적 동기유발을 중요시해야 할 것이다.

성취 능력을 높이기 위해 오랜 기간 동안 수학에 많은 시간과 노력을 투자하고 있지만 타교과에 비하여 좋은 성적을 거두지 못하고 있고, 고학년으로 갈수록 수학이 어렵고 재미가 없어 싫다는 반응을 보이는 것은 성취 욕구가 부족한 데서 올 수가 있다.

수학이란 과목은 계열성이 강한 교과이므로 쉽게 성취할 수 있는 학습을 기초로 후속학습이 이루어져야 하며, 학습 성취 여부에 따라 개인차를 고려하고, 학습이 결손되지 않도록 학습의욕 상실과 열등의식을 극복할 수 있는 다양한 성취요인들을 적용해야 한다.

⑥ 사후검사 결과 성취도가 높은 문항

연구반의 사후검사 결과 성취도가 높은 규칙 발견, 해결 의욕, 추상 인식, 불편 개선, 확인 습관 등은 다음과 같다.

〈표 37〉 사후검사 결과 성취도가 높은 문항

| 문항 | 변인들의 성취도(N=160) | | | |
| | 성취도가 높은 결과 | | | |
	M	SD	t	X^2
규칙 발견(문제해결력)	4.12	1.06	49.14	178.18
해결 의욕(문제해결력)	4.08	1.11	46.53	174.12
추상 인식(문제해결력)	4.05	1.06	48.47	157.75
불편 개선(창의성)	4.02	1.03	49.32	167.68
확인 습관(창의성)	4.00	1.09	46.29	168.75

* $p < .001$

<표 37>에서 보는 바와 같이 연구반의 사후검사 결과 성취도가 높은 변인들의 문항 중에서 수학의 다양한 규칙을 발견(문제해결력, M=4.12), 다양한 방법으로 문제를 해결하는 의욕(문제해결력, M=4.08),

문제를 읽으면서 추상하는 인식(문제해결력, M=4.05), 다양한 방법으로 불편을 개선하려는 노력(창의성, M=4.02), 복습을 하는 각오로 확인하고 또 점검하는 습관(창의성, M=4.00) 순으로 나타났다.

따라서 초등학교 6학년에게 수학의 개념원리 지도를 통해서 문제해결력과 관련된 다양한 수학 규칙 발견, 난이도가 높은 문제도 해결하려는 의욕, 추상 인식 등이 향상되었고, 정의적 영역의 창의성과 관련된 불편한 생활을 개선하려는 의지, 확인하는 습관 등이 다른 요인에 비해 많이 향상되었다.

■ 변수들 간에 미치는 영향

수학 개념원리 지도가 창의성, 사고력, 문제해결력, 성취요인 변화에 미치는 영향을 분석한 결과는 다음과 같다.

〈표 38〉 개념원리가 문제해결력 등에 미치는 영향

주요 변수		B	β	t	R^2	adj R^2	F
수학 개념원리 지도	창의성	5.418	.535	14.423	.521	599	157.132***
	사고력	5.029	.412	13.837	.418	438	109.242***
	문제해결력	4.992	.387	10.216	.399	516	116.264***
	수학능력	5.016	.442	12.425	.422	483	142.524***
	성취요인	3.987	.319	12.748	.347	398	189.214***
	평균	4.890	.420	12.730	.420	486	142.880***

*** $p < .001$

초등학교 6학년을 위한 수학 개념원리 지도가 창의성, 사고력, 문제해결력, 수학능력, 성취요인 변화에 미치는 영향에 대한 단순선형회귀분석을 실시한 변수들의 통계 결과, 회귀분석에 포함된 변수는 평균 42.0%(R^2=.486)의 설명력이 나타났으며, 회귀식에 대한 F값이 142.880으로서 유의수준(p<.001)에서 통계적으로 유의한 결과를 보여 주고 있다.

따라서 수학 개념원리를 지도하면서 창의성, 사고력, 문제해결력, 수학 학습능력, 성취 습관 등이 길러졌음을 알 수 있었다. 초등학생에게 수학적 사실과 기술을 명확하게 제시하고, 충분한 학습을 하면 대부분의 학생들이 효과적으로 수학 과제를 해결할 수 있다.

제 10 장

결론 및 제언

■ 요약

이 연구는 수학 개념원리 지도를 통한 아동의 문제해결력 향상 연구를 위해 6학년의 1, 2차 예비 연구반(320명), 연구반(160명)과 비교 집단(160명)의 차이를 분석한 것이다. 이를 위하여 수학 학습능력 극대화에 영향을 주는 다양한 창의성, 사고력, 문제해결력, 수학능력, 성취요인 등 변인별 동일성에 대한 검증 등 개념원리 학습 수행과정에서 변화의 정도를 구명(究明)한 것이다.

설문지를 통하여 사전검사와 사후검사를 실시하였으며, 수집된 자료는 WINDOWS용·SPSS 14.0 프로그램으로 t-검증, ANCOVA, MANOVA, PEARSON 상관계수, 단순선형회귀분석 등의 통계적 방법으로 처리하였다.

이 연구의 결과를 요약하면 다음과 같다.

1) 창의성 프로그램을 실시한 1차 예비 검사는 개방성, 유창성, 융통성, 독창성, 창의성의 모든 요인에서 매우 유의한 결과로 나타

낳다. 이러한 결과는 창의성 검사를 실시하면 효과가 있을 것이라는 가설을 세울 수 있으며 투입된 설문지 적용이 가능하다는 것을 알 수 있다.

2) 검사에 앞서 실시한 설문조사와 분석에서 수학 사고력, 수학문제해결력, 융통성, 수학능력, 창의성의 모든 요인에서 매우 유의한 결과로 나타났다. 이러한 결과는 수학 개념원리 지도를 통해 검사를 실시하면 효과가 있을 것이라는 가설을 세울 수 있으며 수학 사고력, 수학문제해결력, 창의성, 수학능력 등 투입된 설문지 적용이 가능하다는 것을 알 수 있다.

3) 제1차 사전연구 결과를 사고기능별로 살펴보면, 수학 개념원리의 모든 요인에서 매우 유의한 결과로 나타났다. 이러한 결과는 연구를 실시하면 효과가 있을 것이라는 가설을 세울 수 있으며 투입된 문제와 설문지 적용이 가능하다는 것을 알 수 있다.

4) 이 연구를 위해 개발된 수학 개념원리 설문의 타당성을 조사하기 위하여 제2차 사전연구를 실시한 결과, 수학 개념원리의 모든 요인에서 매우 유의한 결과로 나타났다. 이러한 결과는 검사를 실시하면 효과가 있을 것이라는 가설을 세울 수 있으며 투입된 문제와 설문지 적용이 가능하다는 것을 알 수 있다. 따라서 수학 개념원리 지식은 학습자가 새로운 지식을 기존의 정신적 구조에 동화시키는 과정에서 관계를 고찰하고 연결 짓는 데 능동적일 것이므로 제1차 연구를 더 확실히 하고 본 연구의 충실

한 수행과 목적을 달성할 수 있었다.

5) 두 집단 간 수학 창의성의 차이를 위한 출발점 능력의 비교에서 연구반과 비교집단의 사전검사 점수에 차이가 있는지를 검증한 결과 평균과 표준편차는 차이가 거의 없으므로 두 집단 간 출발점은 같다고 볼 수 있다. 따라서 두 집단 간 수학의 창의성 차이 연구를 하는 데 적합한 여건이 조성되었으므로 연구 조건이 충족되었음을 알 수 있다.

6) 두 집단 간 문제해결력의 차이 출발점 비교에서 연구반과 비교집단의 사전검사 점수에 차이가 있는지를 검증한 결과 평균과 표준편차는 차이가 거의 없는 것으로 나타났으므로 수학 개념원리 능력의 차이를 검증할 수 있는 요건을 갖추었다고 볼 수 있다.

7) 두 집단 간 수학 학습능력의 차이 출발점 비교에서 연구반과 비교집단의 사전검사 차이가 있는지를 검증한 결과 평균과 표준편차는 차이가 거의 없으므로 수학 학습능력과 성취요인의 차이를 연구할 수 있었다.

8) 연구반 내에서 사전검사와 사후검사 간에 창의성의 각 요인별 t-검증과 X^2-test를 수행한 결과, 사전검사와 사후검사 사이에 사후검사가 향상이 있는 것으로 나타났으며, 불편을 개선하려는 의지가 많이 향상되었다. 따라서 초등학생에게 수학 개념원리를

지도하여 융통성과 독창성을 중심으로 창의성을 향상시켜 주어
야 한다.

9) 연구반 내에서 사전검사와 사후검사 간에 사고력의 각 요인별 t-
검증과 X^2-test를 수행한 결과, 사전검사와 사후검사 사이에 사후
검사가 향상이 있는 것으로 나타났다. 특히 수학문제해결을 위
해 관련 참고도서를 찾는 습관은 표준편차가 있는 것으로 나타
났으며, 수학도서를 통하여 사고력이 많이 향상되었다.
따라서 수학을 하는 정의적 측면에 있어서 새로운 접근이나 아
이디어들은 기존의 수학 지식을 바탕으로 새롭게 결합하여 얻
어진다는 것을 감안한다면 수학 사고력 향상에 있어서 과거의
경험이나 기존 지식의 역할을 절대 간과해서는 안 된다.

10) 연구반 내에서 사전검사와 사후검사 간에 문제해결력의 각 요
인별 t-검증과 X^2-test를 수행한 결과, 사전검사와 사후검사 사
이에 사후검사가 향상이 있는 것으로 나타났으며, 규칙 발견을
통하여 문제해결력이 많이 향상되었다. 따라서 초등학생에게
수학 개념원리를 지도하고, 수학은 규칙 찾기라는 사실을 숙지
하는 등 이를 적응시켜 문제해결력을 향상시켜야 한다.

11) 연구반 내에서 사전검사와 사후검사 간에 학습능력의 각 요인
별 t-검증과 X^2-test를 수행한 결과, 사전검사와 사후검사 사이
에 사후검사가 향상이 있는 것으로 나타났다. 따라서 수학 학
습능력의 개별적 특성을 존중해야 한다. 학생들에게 제시되는

새로운 수학 학습의 내용은 이미 자신이 알고 있는 수학 지식과 경험에 근거하여 해석하고 이해하여 기존의 수학 지식과 통합한다. 특히 유별난 생각이나 질문에 대해서 주의를 기울이고 진지한 태도로 답해주어야 하며, 무시하거나 핀잔을 주는 것은 수학 학습능력이 길러지지 않는다.

12) 연구반 내에서 사전검사와 사후검사 간에 성취요인의 각 요인별 t-검증과 X^2-test를 수행한 결과, 사전검사와 사후검사 사이에 사후검사가 향상이 있는 것으로 나타났다. 따라서 수학교육은 지식이나 정보를 축적하는 교육이 아니다. 더구나 연산을 기계적으로 훈련하는 것은 도움이 되지 않는다. 초등학생 시기에는 생각하는 힘의 부족으로 생각하기 싫어하는 아이들이 대부분이다. 또 집중력도 없고 주의가 산만한 아이들이 많다. 이러한 아이들에게는 우선 관심과 흥미를 주는 성취동기 유발 학습이 필요하다.

13) 연구반의 창의성과 개념원리의 설문지 통계 처리 결과, 불편을 개선하려는 의욕, 학습한 것을 복습, 질문 등으로 확인하는 습관, 다양한 상상력과 마인드맵으로 창의성을 계발하는 순으로 나타났다. 따라서 수학 개념원리를 학습 시간에 집중 지도하면 생활 속에서 다양한 불편을 창의적으로 개선하려는 의지와 주입식으로 받아들이려 하지 않고 궁금한 것을 알고 넘어가려는 태도가 향상되고 있음을 알 수 있다.

14) 연구반의 문제해결력과 개념원리의 설문지 통계 처리 결과, 수학의 다양한 규칙을 찾으려는 노력, 다양한 방법으로 문제를 해결하는 의욕, 문제를 읽으면서 추상하고 인식하는 순으로 나타났다. 따라서 수학시간에 개념을 인지하며 공식이나 원리에서 나타나는 규칙을 찾으려는 태도가 길러짐을 알 수 있으며, 창의적인 문제해결력 향상을 위해 암시적 또는 잠재적으로 존재하는 새로운 문제를 찾아서 기존의 방식으로 문제를 해결하는 것, 명시적으로 존재하는 폐쇄형 문제를 새로운 방식으로 해결하는 것, 암시적 또는 잠재적으로 존재하는 새로운 문제를 찾아서 새로운 방식으로 해결책을 얻는 것 등이 수학 개념원리를 이해하면서 문제해결력을 향상시켜 준다고 할 수 있다.

15) 연구반의 사고력과 개념원리의 설문지 통계 처리 결과, 문제해결을 위한 관련 수학 도서를 참고, 질문으로 해결하기보다는 검색을 통해 자기주도학습력 향상, 직면한 수학문제를 생활 또는 이전에 해결했던 문제와 관련하여 사고력을 향상하는 순으로 나타났다. 따라서 수학에서 가장 중요한 사고력 향상을 위해 수학 개념원리 지도가 절실함을 알 수 있다.

16) 연구반의 수학능력과 개념원리의 설문지 통계 처리 결과, 자기주도적으로 문제해결이 어려울 때는 지도교사에게 도움을 요청, 학습한 것을 일상생활에 적용하려는 노력, 인내와 끈기로 문제를 끝까지 해결하는 순으로 나타났다. 따라서 개념원리 지도를 통해 비지적인 인내와 끈기도 형성되고 있음을 알 수 있다.

수학 학습능력은 기본적 개념과 원리가 중요하다. 원리에 대해 충분히 이해할 수 있도록 해야 하며, 일상생활과 관련시켜 적용할 수 있는 기회를 제공하는 것도 중요하다.

17) 연구반의 성취요인과 개념원리의 설문지 통계 처리 결과, 주어진 문제에 대해 남과 다른 방법으로 해결하기 위한 집착 몰입 상태, 호기심과 흥미가 가득한 수업 참가, 직면한 문제를 수량화하고 개념을 형성하는 순으로 나타났다. 따라서 수학교과 지도 시 흥미와 호기심이 유발될 수 있도록 내외적 동기유발을 중요시해야 할 것이다. 성취 능력을 높이기 위해 오랜 기간 동안 수학에 많은 시간과 노력을 투자하고 있지만 타교과에 비하여 좋은 성적을 거두지 못하고 있고, 고학년으로 갈수록 수학이 어렵고 재미가 없어 싫다는 반응을 보이는 것은 성취 욕구가 부족한 데서 올 수가 있다.

18) 연구반의 사후검사 결과 성취도가 높은 변인들의 문항 중에서 수학의 다양한 규칙을 발견, 다양한 방법으로 문제를 해결하려는 의욕, 문제를 읽으면서 추상하는 인식, 다양한 방법으로 불편을 개선하려는 노력, 복습을 하는 각오로 확인하고 또 점검하는 습관 순으로 나타났다. 따라서 초등학교 6학년에게 수학의 개념원리 지도를 통해서 문제해결력과 관련된 다양한 수학 규칙 발견, 난이도가 높은 문제도 해결하려는 의욕, 추상 인식 등이 향상되었고, 정의적 영역의 창의성과 관련된 불편한 생활을 개선하려는 의지, 확인하는 습관 등이 다른 요인에 비해 많

이 향상되었다.

19) 초등학교 6학년을 위한 수학 개념원리 지도가 창의성, 사고력, 문제해결력, 수학능력, 성취요인 변화에 미치는 영향에 대한 단순선형회귀분석을 실시한 변수들의 통계 결과, 회귀분석에 포함된 변수는 평균 42.0%(R^2=.486)의 설명력이 나타났으며, 회귀식에 대한 F값이 142.880으로서 유의수준(p<.001)에서 통계적으로 유의한 결과를 보여주고 있다.

따라서 수학 개념원리를 지도하면서 문제해결력, 수학 학습능력, 성취 습관 등이 길러졌음을 알 수 있었다. 초등학생들에게 수학적 사실과 기술을 명확하게 제시하고, 충분한 학습을 하면 대부분의 학생들이 효과적으로 수학 과제를 해결할 수 있다는 사실을 알 수 있었다.

■ 결론

초등학교 6학년의 수학 개념원리 지도를 통한 아동의 문제해결력 향상 방안 연구의 결과를 종합한 결론은 다음과 같다.

1) 수 감각이 좋아지도록 수의 분할과 합성 훈련을 많이 해야 하고, 수학 용어의 정확한 개념이 무엇인지 알아야 하며, 한 가지 주제에 대한 끈질긴 과제집착력을 길러야 한다. 특히 반복하고 또 반복해서 형성된 계산 습관을 길러야 하고, 수학에 관한 역사적 배경을 알고 있어야 한다.

2) 여러 가지 생활현상을 수학적으로 고찰하는 경험을 통하여 수학의 기초적인 개념, 원리, 규칙, 관찰, 분석, 조직들 사이의 관계를 이해할 수 있도록 다양한 체험을 할 수 있는 학습 환경의 변화를 주어야 한다.

3) 수학에 대한 흥미와 관심을 지속적으로 가지고 수학적 지식과 기능을 활용하여 여러 가지 문제를 창의적이고 합리적으로 해결하는 태도를 기를 수 있도록 각종 수학 교육자료를 DB화하여 제공해야 한다.

4) 수학의 관심 있는 분야를 늘 생각하는 습관을 가져야 한다. 해결할 문제의 개념이 머릿속에 들어가 있어야 이것저것 적용을 하고, 인지된 개념을 산출해서 다양한 적용과 방법을 통해 문제를 해결하도록 해야 할 것이다.

5) 초등학교 수학도 기본적으로 도형을 이해하고 이들의 면적 또는 부피를 구하는 원리를 학습해야 하고, 십진법의 원리에 기초를 둔 자연수에서 시작하여 유리수까지의 수의 확장과 확장 과정에서 필요한 사칙 연산에 대한 계산을 반복적으로 수행하는 인내심이 필요하다.

6) 수학은 생각하는 활동의 경험이라고 할 수 있다. 따라서 교사가 성급하게 설명하려고 하지 말고, 학생들이 문제해결의 원리를 스스로 찾아낼 때까지 기다리는 자세가 필요하다. 왜냐하면 수

학문제는 여러 가지 창의적 방법에 의하여 해결할 수 있으며, 학생들의 창의적 사고력을 계발해주는 환경이 여유 있게 제공되어야 한다.

7) 수학에 관한 세계적 수준의 정보를 모으고, 생각하고, 정당화하는 수준별 심화학습이 요청되고 있으며, 이를 위해 수학적 현실 상황을 통한 수학 개념원리 교수－학습의 연수를 강화해야 한다.

8) 수학문제 상황에서 기존의 지식과 경험 등을 바탕으로 정형화된 틀을 벗어나 주어진 문제를 다양한 방식으로 분석하여 문제의 요소들이나 수학적 아이디어 등을 새로운 방식으로 결합하여 결과를 얻어내는 능력을 길러주어야 한다.

따라서 초등학교 6학년을 위한 수학 개념원리 지도는 창의적이고 지속적으로 이루어져야 하며, 이를 지도하는 교사들은 정기적인 모임을 통해 교수－학습 자료와 좋은 수학 수업을 나누는 수학 학습 기법을 공유하는 것이 더 큰 발전에 기여하게 될 것이다.

■ 제언

이 연구의 결과를 토대로 수학 개념원리 지도를 통한 아동의 문제해결력 향상 연구의 활성화를 위하여 다음과 같이 제언하고자 한다.

1) 지도교사들은 학생들이 수학적 잠재 능력을 펼칠 수 있도록 홍

미와 관심을 파악하고 좋은 환경을 조성해주어 수학 학습을 흥미와 호기심을 갖고 즐겁게 수행할 수 있게 도움을 주는 것이 필요하다.

2) 초등학생에게 수학 학습효과의 극대화를 위한 질 높은 수학 교육자료를 제공하기 위하여 학생들이 선호하는 다양한 수학 체험 프로그램이 충분히 제공되어야 할 것이다.

3) 정보화시대를 맞아 수학의 지식을 전달하는 일방적인 교육을 넘어, 다양한 최첨단 정보로부터 수학적 지식을 구성하고 만들어가는 수학 개념원리 교육의 시대적 요청에 부응해야 할 것이다.

참고문헌

강경애 외(1996).「초등학교 수학 개념과 그 구조에 관한 소고」, 대구교육대학
　　교, 학술연구.
강문봉 외(2003).『초등수학 학습지도의 이해』, 서울: 양서원.
강시중(1987).『수학교육론』, 서울: 교육출판사.
경기도초등영재교육연구회(2008).「수학영재교육세미나」, 경기도교육청.
고호경(2005).「수학 교육에서 실험 수업의 의의와 특성」,『한국학교수학논문
　　집』제8권, 제1호.
고호영(2003).「그래핑 계산기를 활용한 협동학습을 통해 수학적 개념 발달과
　　정에서 나타난 학생들의 언어적 · 사회적 상호작용에 관한 사례연구」,
　　단국대학교 대학원, 박사학위논문.
교육과학기술부(2009).『초등학교수학지도서』, 서울: (주)두산.
교육과학기술부(2007).「고시 제2007-79호」[별책 8]. 교육부.
국제영재교육연구회(2008).「영재교육세미나」, 국제문화대학원대학교.
김건용(2008).「인도영재교육」, 경기도초등영재교육연구회.
＿＿＿＿(2008).「초등학생의 발달단계 연구」, 고양교육청.
＿＿＿＿(2009).「수학과 영재교육세미나」, 경기도초등영재교육연구회.
김남희(1997).「변수 개념의 교수학적 분석 및 학습 - 지도 방향 탐색」, 서울대
　　학교 대학원, 박사학위논문.
김보영(2003).「초등수학에서 쓰기 활동이 수학적 개념 이해 및 의사소통 능력
　　에 미치는 영향」, 교육과학연구.
김삼복(2006).「피아제의 인지 발달론에 대한 이론적 비평과 교육적 제안」, 서

울신학대학교 신학과.

김수환(2008). 「수학수업 평가의 기준」, 청주교육대학교, 연구논문.

김연중(2008). 『수학영재 직무연수』, 부천교육청.

김주일(2004). 『삶을 바탕으로 한 수학』, 경기도교육정보연구원.

김화수(2004). 「스키마를 이용한 수학 학습에서 학생의 수학적 개념 구성 과정
　　　에 대한 연구」, 단국대학교 대학원, 박사학위논문.

박선화(1998). 「수학적 극한 개념의 이해에 관한 연구」, 서울대학교 대학원, 박
　　　사학위논문.

배종수(2000). 『수학과 지도 방법 및 평가의 실제』. 서울대학교.

손홍찬(2006). 「스프레트시트를 활용한 수학적 모델링 활동에서의 수학적 발
　　　견과 정당화」, 한국교원대학교 대학원, 박사학위논문.

송인섭(2008). 「학습부진 유형별 맞춤형 학습법」. 숙명여자대학교.

＿＿＿＿(2006). 『자기주도학습』, 서울: 학지사.

신헌재(2007). 『사고력 지도와 사고과정』, 서울: 교육연구사.

오치선(1999). 『사회교육, 교육의 수월성』, 서울: 한국교총.

＿＿＿＿(2002). 『청소년지도방법론』, 서울: 학지사.

＿＿＿＿(2002). 『청소년지도학』, 서울: 학지사.

＿＿＿＿(2005). 『여러 나라 영재교육』, 서울: 솔·학.

유윤재(2007). 『수학 영재 교육』, 서울: 교우사.

유진호(2005). 「초등학교 수학에서 연산지도에 관한 연구」, 단국대학교 대학
　　　원, 박사학위논문.

윤여홍(1998). 「영재의 심리. 사회적 특성과 지도 방법」, 『제1회 과학영재교육
　　　세미나 발표 논문집』. 아주대학교.

이광상(2005). 「엑셀을 통한 일차함수의 과정 - 대상관점 형성」, 한국교원대학
　　　교 대학원, 박사학위논문.

이광집(2005). 「수 개념형성을 돕기 위한 교수학습 방법 적용 연구」, 공주대학
　　　교 교육대학원.

이미경 외(2007). 「PISA 2006년 결과 분석 연구」, KICE 연구리포트.

이영선(2008). 「초등영재를 위한 비지적 요인 비교 분석 연구」, 국제문화대학
　　　원대학교, 박사학위논문.

이오녕(2009). 「수학 수업실기대회 1등급 비결」, 국제문화대학원대학교.

이창주(2002). 「수학의 기본 개념과 원리의 이해 및 적용에 적절한 수학적 모
　　　델설정에 관한 연구」, 공주교육대학교, 연구논문.

일본 전국 산수 수업 연구회(1999). 「산수 수업 연구」, 산수 수업 연구회.

전평국(2008). 「제40회 전국 수학교육연구 대회 프로시딩」, 수학교육연구회.

정인철(2007). 「수학영재와 수학적 탐구의 본성」, 전남대학교, 연구논문.

조석희(2000). 「우리나라 수학 영재교육 현황 및 발전 전망」, 제18회 수학교육 심포지엄 발표논문, 대한수학회.

조윤동(2002). 「비고츠키 이론의 수학 교육적 적용에 관한 연구」, 한국교원대학교 대학원, 박사학위논문.

조희영(1984). 「Bloom 등의 교육목표 분류론의 본질과 그 문제점」, 과학교육논의, 강원대학교.

창의사고력연구소(2008). 「수학교육에서의 개념원리 지도」, 국제문화대학원대학교, 직무연수자료.

홍선호(2007). 「수학 개념원리 연구」, 고양용현초등학교 학부모 세미나.

황동주(2005). 「수학 영재 판별의 타당도 향성을 위한 수학 창의성 및 문제해결력 검사 개발과 채점 방법에 관한 연구」, 단국대학원, 박사학위논문.

上海教育出版社(2007). 『數學 六學年 一學期』, 上海有限公司.

上野健齒(2002). 『現代數學の土壤』, 日本評論社.

新井仁之(2002). 『現代數學の土壤』, 日本評論社.

原田耕一郎(2002). 『現代數學の土壤』, 日本評論社.

Barrett, S. L.(1992). *It's all in your head*. MN: Free Sprint Publishing Inc.

Caine, R. N., & Caine, G.(1997). *Making connections*: Teaching and the human brain (Rev. ed.). Menlo Park, CA: Addison-Wesley.

Callahan, C. M.(1991). *The assessment of creativity: In N. Colangelo & G. A. Davis(Eds.)*, Handbook of Gifted Education. Massaachussettes: Allyn & Bacon.

De Bono, E.(1973). *CoRT thinking, Blandford, Dorset*, England: Direct education Services Limited.

Dzubay, Dawn(2001). *Understanding Motivation & Supporting Teacher Renewal*. Quality Teaching and Learning Series. Iowa State University, Meeting the Needs of Youth: Tips for 4-H Leaders.

Emma E. Holmes(1995). *New Directions in Elementary School Mathematics*, Prentice-Hall, Inc.

Feldhusen, J. F.(1997). *Educating teachers for work with talented youth*. In N. Colangelo & G. A. Davis (Eds.), Handbook of gifted education(pp.547-552). London: Allyn & Bacon.

Getzels, J. W. & Jackson, P. W.(1962). *Creativity and Intelligence*, New York:

Wiley.

Hultgren, H. W., & Seeley, K. R.(1982). Training teachers of the gifted: A research monograph on teacher competencies, Denver: School of Education University of Denver.

Jerry P. Becker(1997). *The Open-Ended Approach: A New Proposal for Teaching Mathematics.* NCTM.

Katiyar, P. C. & Jarial, G. S.(1985). Abstract: Training Programs for Developing Creativity in School Children, J. of Creative Behavior. 19.

Kim Plofker(2009). *Mathematics in India*, Princeton.

Liping Ma(2009). Knowing and teaching elementary mathematics, Teachers understanding of fundamental mathematics in China and the United States, Routledge New York.

Marcie Aboff(2009). *MATH FUN*, Picture Window Books.

Marker, C. J.(1993). Creativity, intelligence and problem solving: A definition and design for cross cultural research and measurement related to giftedness, Gifted Education International. 9. pp.68-77.

Marland, S. P.(1972). Education of the gifted and talented. Report to the U. S. Congress, Washington, D.C.: U.S. Government Printing Office.

Merle R. S. & Evelyn M. L., Education of the Gifted, The Ronald Press Co, New York.

NCTM(2000). principles and standards for school mathematics.

Needels, M. C. & Gage, N. L.(1991). Essence and accident in process-product research on teaching, In H. Waxman & H. Walberg (Eds.).

Oh, Chi-Sun(1991). *Lifelong Education*, Seoul: Ji-Young Books.

Oh, Chi-Sun, Kim, Hyon-Soo(1995). *OK Training Program for Youth*, Seoul: Ji-Young Books.

Osborn, A. F.(1963). *Applied Imagination*, Seoul: Bae young sa.

Owen, J.(1982). Long-term gifted education using SOI, Waco, TX: Project SPRING Education Service Center.

Patton, S. Kaplan, G. B. & Shore, B.(1982). Intense program of gifted using SOI, Macgill University Summer School for the gifted and Talented.

Renzulli, J. S.(1978). What makes giftedness? Re-examining a definition, *Phi Delta Kappan. 60.* pp.180-184.

Silverman, L. K.(1982). *The gifted and talented,* In E. L. Meyen (Ed.), Exceptional children and youth (pp.184-190). Denver: Love.

Smith, D. D. & Luckasson. R.(1995). *Introduction to Special Education(2th ed.)*. Boston: Allyn and Bacon.

Stasinos, D. P.(1984). Enhancing the Creative Potential and Self-Esteem of Mentally Handicapped Greek Children, J. of Creative Behavior. 18.

Story, C. M.(1985). Facilitator of learning, A microethnographic study of the teacher of the gifted Gifted Child Quarterly.

Templeton, M. H.(1984). Effects of Teaching Intervention Strategies on Originality and Elaboration in Third, Fourth, Fifth and Sixth Grade Gifted Students, Dissertation Abstracts International, 44.

Terman, L. M.(1925). Genetic studies of genius. The mental and physical traits of a thousand gifted children(Vol.1) Stanford, CA: Stanford University.

Torrance, E. P.(1979). *The Search for Satori and Creativity*, Creative Education Foundation, Buffalo: New York.

홍선호

서울교육대학교 졸업
명지대학교 대학원 졸업(영재 교육학 석사)
서울 예일초등학교 교사(10년)
메가스터디 엠베스트 수학 대표 강사
웅진 아이룸 교재 개발
현) 국제문화대학원대학교 연구교수(교육학 박사)
　　M496 창의수학연구소 소장 겸 학원 대표이사

『맛있는 수학』(core Ⅰ)-3, 4, 5, 6학년
『심화 수학』(core Ⅱ)-3, 4, 5, 6학년
『멘토 수학』(자기 주도 학습)-2권
『창의 사고력 수학』(1, 2, 3, 4, 5, 6학년)
『과학자가 들려주는 과학 이야기』-2권
『천재들이 만든 수학 퍼즐』-80권
『비・비율 거기 섯』-1권
『최강 수학』-6권(10권 예정)
『공부 귀신』-(20권 예정)
『수학 사전』-1권
『홍쌤의 수학알레르기 이별수업』
『홍쌤의 생각하는 수학』-초등과정 8권, 중등과정 8권

수학 개념원리 지도를 통한
문제해결력 향상

초판인쇄 | 2012년 2월 1일
초판발행 | 2012년 2월 1일

지 은 이 | 홍선호
펴 낸 이 | 채종준
펴 낸 곳 | 한국학술정보㈜
주   소 | 경기도 파주시 문발동 파주출판문화정보산업단지 513-5
전   화 | 031) 908-3181(대표)
팩   스 | 031) 908-3189
홈페이지 | http://ebook.kstudy.com
E-mail | 출판사업부 publish@kstudy.com
등   록 | 제일산-115호(2000. 6. 19)

ISBN   978-89-268-3068-0 93370 (Paper Book)
        978-89-268-3069-7 98370 (e-Book)